SPIELZEUG ALTER ZEITEN

Text: Philippe Addor und Suzy Doleyres
Fotos: Magali Koenig

MONDO-VERLAG

VOM ZAUBER ALTER SPIELSACHEN

Wir können ihre Schönheit bewundern, über die genialen Konstruktionen, ihre Formenvielfalt oder ihre Drolligkeit und Komik staunen, ihre Geschichte und Bedeutung studieren... der Wege in die Märchenwelt alter Spielsachen sind viele!

Sie beschwören Erinnerungen an Höhepunkte unserer Kindertage herauf: Weihnachten, Neujahr, ein Geburtstag, der dank dem heißbegehrten Geschenk unvergeßlich geblieben ist. Wie könnte in ihrer Gegenwart ein Hauch Wehmut ausbleiben? Die Stunden frohen Spiels im Kreis der Familie, zusammen mit Freunden und Schulkameraden... glückliche Stunden, glückliche Kinder!

Der Begriff Kinderspielzeug sagt es: Spielzeug gehört zur Welt des Kindes, und deshalb soll uns das Kind auf dem Weg in die Welt alter Spielsachen führen, gefolgt und begleitet von unseren eigenen Erinnerungen.

Spielsachen sind wie Linsen, die die Welt der Erwachsenen auf das Maß des Kindes verkleinern. Sie erzählen ihm vom Leben der Menschen, ihren Arbeiten und Erfolgen, ihren Geheimnissen und Absurditäten.

Doch was ist eigentlich Spielzeug? Kann man einen Tannenzapfen, einen Pfannendeckel, einen Kieselstein als Spielzeug bezeichnen? Wer Kindern zusieht, wie sie damit umgehen und sich stundenlang damit beschäftigen können, ist zweifellos versucht, diese Frage zu bejahen. Doch dann müßte man jeden beliebigen Gegenstand aus ihrer Umgebung als Spielzeug bewerten, kann doch alles und jedes Anlaß zum Spiel sein. Da wir sie unmöglich alle aufzählen können, beschränken wir uns hier auf die eigentlichen Spielsachen, also Gegenstände, die bewußt als Kinderspielzeug angefertigt wurden. Dies scheint uns das grundlegende Kriterium zu sein, um zwischen Spielzeug und andern zum Spielen geeigneten Dingen eine Grenze zu ziehen. Die Trennlinie bleibt verschwommen, wie dies Clive Lamming in seinem Buch über altes Spielzeug sagt: «Viele Knaben haben schon immer ein Messer jedem anderen Spielzeug vorgezogen, vor allem auf dem Land, konnten sie doch mit einem Messer und einigen Zweigen oder Holzstücken die schönsten Spielsachen basteln, die sich erträumen lassen. Wer erinnert sich nicht an die kleine Wassermühle, die aus zwei Y-förmigen Astgabeln als Lagern, einem Stecken als Achse und zwei gekreuzten Brettchen als Schaufelrädern bestand? Sie ist das Urbild des technischen Spielzeugs, und die Dampfmaschine ist davon gar nicht so weit entfernt, wie es auf den ersten Blick scheinen mag, ist sie doch die logische Folge.»

Lamming sieht die Kontinuität zwischen Gebrauchs- und natürlichen Gegenständen sowie Spielzeug. Auf dem Land fertigten die Kinder häufig Pfeifchen aus ausgehöhlten Holunderzweigen, doch kaufte man auch gern einem wandernden Händler richtige Pfeifen und Flöten ab, um sie nachzumachen und dem eigenen Instrument womöglich noch schönere Töne zu entlocken. Außerdem beziehen Kinder häufig die verschiedensten Gegenstände in ihre Spiele ein und wechseln vom einen zum andern, ohne sich darum zu scheren, was Erwachsene als Spielzeug einstufen und was nicht!

*Schlafzimmer aus dem Spielkasten «Mein Puppenhaus».
Farbsteindruck. Höhe 25 cm. Anton Sala, Deutschland, 1890; Musée de l'Art de l'Enfance, Annecy.*

Versuchen wir noch die Begriffe «Spiel» und «Spielzeug» enger einzugrenzen. Unter Spiel versteht man zum einen die Tätigkeit des Spielens (mit der Puppe, mit Kameraden, Schach spielen usw.), zum andern das Material, mit dem man spielt, beziehungsweise das Konzept eines Spiels (Karten, Schachfiguren, aber auch «Himmel und Hölle» usw.). Zum Spiel als Material gehören Spielregeln, die es einzuhalten gilt. Beim Spielzeug im engeren Sinn hingegen (Puppe, Spielzeugauto usw.) ist die Benutzung keinen festen Regeln unterworfen, sondern gehorcht allein der Vorstellungskraft des Kindes. Dazu gibt der Spielzeugkenner Yves Rifaux ein Beispiel: «Wenn wir einem Kind einen Baukasten schenken, am besten etwas Mechanisches, wie etwa Stockys oder Meccano, die berühmte Erfindung von Frank Hornby, geben wir ihm damit die Möglichkeit, spielerisch etwas zu bauen. Es wird nachdenken, probieren, ungeduldig werden, zahlreiche Fähigkeiten einsetzen, die von der Phantasie bis zur handwerklichen Fertigkeit reichen, und schließlich einen Gegenstand bauen: zum Beispiel ein Auto oder das, was es als Auto bezeichnet. Es wird seine Schöpfung nicht sofort wieder auseinandernehmen, sondern damit spielen. Es wird das Auto auf dem Boden herumstoßen oder ihm zusehen, wie es selber fährt, wenn ein Feder- oder elektrischer Motor zum Einbauen vorhanden war. Das Spiel ist zum Spielzeug geworden.»

Das Schweizerische Spielmuseum in La Tour-de-Peilz hat die Spiele in fünf Kategorien eingeteilt: erzieherische Spiele (Kontaktspiele, Bausteine, Lese-Lernspiele, Rechenspiele usw.), strategische Spiele (Schach, Monopoly usw.), Rollenspiele (Räuber und Gendarm), Geschicklichkeitsspiele (Fangspiele, Ratespiele usw.), Glücksspiele (Würfel- und Kartenspiele usw.).

Auch von diesen Spielen soll im vorliegenden Band nicht die Rede sein. Das Forschungsgebiet «Altes Spielzeug» ist ohnedies weit genug: Hier tummeln sich Spielzeugfabrikanten, -verkäufer, -forscher, -sammler, aber auch Dichter und Künstler, Psychologen, Eltern und... das Kind! Und sie alle sehen den so einfach wirkenden Gegenstand aus andern Gesichtspunkten, denen wir hier gerecht werden wollen.

Die Geschichte des Spielzeugs ist untrennbar verbunden mit jener der handwerklichen Spielzeugbauer, dann der Arbeiter, die sich den Bedingungen der industriellen Revolution anpaßten. In der Spielzeugfabrik war häufig der Fabrikant mit dem Konstrukteur und Verkäufer identisch. Die Erfindung der Dampfmaschine veränderte die Produktionsmethoden für manche Spielsachen, machte sie doch das mechanische Formen und Stanzen von Blechen möglich. Neue Herstellverfahren, Verkaufs- und Vertriebsmethoden, die ersten Kataloge sind weitere Marksteine in der Geschichte des Spielzeugs.

Die «große» Geschichte wiederum findet sich sozusagen im Beiwerk wieder. Spielsachen erinnern an unbedeutende Begebenheiten ebenso wie an die großen Ereignisse der Menschheitsgeschichte. Sie zeugen beredt von der Lebenskunst oder den Schwierigkeiten ihrer Epoche, von politischen Größen, von Kriegen und andern Geschehnissen, die getreulich nachgestellt oder in Episoden wiedergegeben sind.

Im Gegensatz zum Kunstwerk, das sich nur an einige wenige, an Privilegierte wendet, muß das Spielzeug, zumal das industriell gefertigte, den Wünschen und dem Geschmack möglichst vieler Menschen entsprechen. Form und Aussehen der Spielsachen ändert sich entsprechend den Vorlieben, dem Geschmack und dem Alter des einzelnen. Häufig finden die Eltern nur bedingt Gefallen an dem Spielzeug, das ihre Kinder gern haben. Kinder lieben Flitterkram und lassen sich stark von den Abbildungen auf den Verpackungen beeinflussen. Übrigens messen auch Sammler der Verpackung großen Wert bei, erhöhen sie doch die Aussagekraft des Spielzeugs. Der Fabrikant wiederum hat es nicht leicht. Er muß sowohl den Wünschen der Kinder wie der Meinung der Eltern Rechnung tragen und gleichzeitig Sachzwänge wie Herstellkosten und Qualitätsansprüche zu vereinen suchen.

Für das Kind wird das neue Spielzeug vom ersten Augenblick an zu einem Partner, der mit ihm zusammen in die symbolische Welt seiner Spiele eintritt. Das Kind kann mit ihm seine Lebenswirklichkeit ins Spiel verwandeln, prägende Augenblicke nochmals nachvollziehen, die es möglicherweise noch nicht verarbeitet hat und die es zu bewältigen sucht. Im Spiel vermag es Vorbilder nachzuahmen. Mit Gesten und Worten beschwört es in symbolischer Form und nach eigenem Gutdünken Geschehnisse herauf, welche es beeindruckt haben. Das Kind kann sein eigenes Spiel erfinden und bewußt oder unbewußt die Auseinandersetzung mit selbstgewählten Figuren und Situationen suchen. Es legt die Rolle jedes einzelnen in seiner Geschichte fest, ohne sich um den Wahrscheinlichkeitsgehalt oder die Folgen zu kümmern, welche die spielerischen Handlungen in Wirklichkeit hätten. Diese Übertragung in die Welt des Spiels werden wir *Ludifikation* nennen (von lateinisch *ludus:* Spiel). Sie setzt eine Wirklichkeit ins Spielerische um, die oft nur zu ernst ist, und dieser Wechsel zwischen Spiel und Realität ermöglicht es dem Kind nicht zuletzt, mit neuen Situationen fertig zu werden.

Wer altes Spielzeug sammelt, trägt Dinge zusammen, die durch Kinderhände gegangen sind und dabei oft Schaden genommen haben. Diese Patina verleiht altem Spielzeug Leben und Zauber, trotzdem muß es manchmal gründlich restauriert werden. Das erfordert viel Sorgfalt und vor allem gründliche Kenntnis der zeitgenössischen Techniken und Materialien, insbesondere der Farben, Lacke, Leime, der Zusammensetzung der verschiedenen Papiermachés, aber auch der Löttechniken sowie der Mechanismen, Bewegungsapparate und so weiter. Dabei ist es von Vorteil, nach einem Modell oder zumindest einer Darstellung des zu restaurierenden Spielzeugs arbeiten zu können.

Der Spielzeugsammler und -restaurator ist häufig ein Besitzer auf Zeit. Eines Tages wird er sich von dem restaurierten Objekt trennen, und sein Käufer wird sich an einem Stück freuen, das seinem Originalzustand möglichst nahe kommt. Die Preise für solche Spielsachen haben übrigens beträchtlich angezogen, was das Sammeln zu einem derart teuren Vergnügen macht, daß es schon an Spekulation grenzt.

Für die Auswahl der in diesem Buch abgebildeten Spielsachen sind verschiedene Gesichtspunkte berücksichtigt worden. Zuerst einmal haben wir uns an Spielzeug gehalten, das den Kindern am besten gefallen dürfte, dann an Objekte, die von der Konzeption und Verwirklichung, vom ästhetischen und geschichtlichen Standpunkt her am lohnendsten waren. Gleichzeitig haben wir versucht, die verschiedenen Marken, Materialien und Fertigungstechniken vom 18. bis in die erste Hälfte des 20. Jahrhunderts so umfassend wie möglich zu zeigen.

Dabei ist auch Spielzeug nicht ausgeschlossen worden, das von bescheidenem handwerklichem Können zeugt oder von den Eltern, ja den Kindern selbst gebastelt worden ist. Diese Spielsachen gehören ebenfalls zu unserem kulturellen Erbe. Die meisten Sammler interessieren sich allerdings mehr für industrielle Fertigungen, die technisch ausgereifter sind und meist einwandfrei nach Hersteller, Entstehungsjahr und anderen Kriterien bestimmt werden können.

Dieses Buch ist eine Art Reise durch die Welt des Spielzeugs in sechs Etappen. Sie beginnt mit den Puppen, die zu den ersten Spielsachen im Leben des Kindes gehören. Das erste Kapitel heißt «Puppen und Puppenstuben». Im Kapitel «Natur in Spiel und Spielzeug» machen wir uns auf, die Welt der Spieltiere und der Landschaft zu entdecken. Von seinem Spieltrieb getragen, will das Kind zuerst alle möglichen Dinge und Wesen herumschleppen und dann auf Reisen gehen: zu Land, zu Wasser und in der Luft: deshalb das Kapitel «Vom Transport zur Reise». Dann kommt die Zeit, wo es sich in verschiedenen Berufen sieht, die es später ergreifen möchte: «Der Reigen der Berufe». Die historischen Spielsachen, die Zinnsoldaten, Kostüme und Burgen bringen uns zurück in die Vergangenheit im Kapitel «Spielzeug und Geschichte».

Im letzten Kapitel wenden wir uns dann den schönen Künsten zu, von denen sich die Spielzeugbauer inspirieren ließen, um die Kleinen in Staunen zu versetzen: «Spiel und Kunst» zeigt, wie Musik, Theater und Zirkus in Spielzeugform die kindliche Phantasie beflügeln können.

Zirkusspielzeug aus Holz, beweglich. Höhe 22 cm. Charles Watilliaux (?), Frankreich, Ende 19. Jh.; Musée de l'Art de l'Enfance, Annecy.

PUPPEN UND PUPPENSTUBEN

Biskuitporzellan – wie es bei der gegenüber abgebildeten Puppe zur Verwendung gelangte – wird zweimal gebrannt, jedoch nicht glasiert. Nach dem ersten Brand ist das Porzellan weiß und hart, bereit zum Bemalen. Die Farbe wird dann im zweiten Arbeitsgang eingebrannt.

Bewegliche Glieder, Originalkleider, Naturhaar. Höhe 67 cm. Simon & Halbig, Deutschland, um 1890; Musée Forel, Morges.

Seit undenklichen Zeiten hat die Puppe das Kind begleitet, so einfach sie in den Anfängen auch gefertigt war. Nach Zivilisation und Epoche verschieden, hat sie im Hintergrund die Entwicklung der Menschheit mitgemacht und unablässig ihre leise, aber beständige Melodie zum großen Thema der Kindheit und des Wachsens beigesteuert.

Ob in Elfenbein geritzt, aus Knochen oder Holz geschnitzt, in Porzellan, Zelluloid oder Plastik gegossen oder aus einem Knäuel Lumpen und etwas Stroh geboren... die Puppe hat das Kind zu allen Zeiten verzaubert. Sie hat sich von ihm lieben und herzen lassen, und sie hat ihren Platz an seiner Seite behauptet.

Wenn die beiden gelegentlich getrennt waren, dann, weil es die Erwachsenen so wollten. Es ist traurig, aber nur zu häufig: Die Spielzeugpuppe ist zu schön, zu zerbrechlich. Das Kind darf sie nicht anfassen, sie könnte ja Schaden nehmen. Deshalb setzt man sie außer seiner Reichweite in eine Vitrine oder auf einen Schrank. Das Kind muß bis zum Sonntag, zum Feiertag warten oder eine Belohnung verdient haben, bis es seine kostbare Puppe endlich in die Arme schließen darf... immer unter dem wachsamen Auge der Erwachsenen.

Doch geht es dem Sammler von Puppen nicht ähnlich, wenn er ein seltenes Stück sieht, das sein Herz begehrt? Erinnert seine Rolle nicht an jene des Kindes? Wie das Kind beweist er unendlich viel Geduld. Und wieviel Kraft verwendet er doch darauf, die heißbegehrten Puppen aufzustöbern und die Schmach der Zeit aus ihren Gesichtchen und Kleidchen zu tilgen. Aus dem verstaubten Estrich kommen die einstigen Schönen in die «Puppenklinik», wo Kenner ihnen mit erfahrener Hand eine Kur verpassen, die ihrer einzigartigen Persönlichkeit neuen Glanz verleiht.

Die Puppe ist geradezu Sinnbild der Kindheit und ihrer Welt voller Geheimnisse und Zauber. Seit jeher gibt sie dem Kind ein Gefühl der Sicherheit, des Trostes, des Nichtalleinseins. Erinnerung an die Wechselbeziehung zur Mutter, an den Mutterleib? Das Bedürfnis, zu lieben... vielleicht sogar ein zweites Ich?

Ist es das dringende Bedürfnis, den verlorenen Kontakt wiederherzustellen, sobald die Mutter sich entfernt oder sich einem andern Wesen zuwendet und der Augenblick der ersten Einsamkeit kommt? Oder ist die Puppe nur momentaner Ersatz für die unersetzliche Verbindung mit der Mutter?

Wie auch immer, Kinder brauchen diesen Hautkontakt mit einer Form, einem Volumen, das die Mutterwärme ersetzt, und neben anderen Gegenständen wird diese erste süße, sich sanft anschmiegende, flauschige Puppe eine unauslöschliche Spur in der Erlebniswelt des Kindes hinterlassen.

Die Puppe hilft dem Kleinkind, die große, allzu große, ja beängstigende Außenwelt zu bewältigen. Sie ist ein Ding, das ihm gehört, das es anfänglich gar nicht richtig zu erkennen weiß, das aber immer da ist, dessen Nähe es spürt. Es gewöhnt sich daran, bis es eines Tages entdeckt, daß dieses Wesen Augen, einen Mund, ein Gesicht hat... wie seine Bezugspersonen. Und welche Überraschung erst, wenn es Wochen, ja Monate später begreift, daß das Gesicht, das ihm aus einem Spiegel entgegenblickt, sein eigenes ist und ebenfalls jenem der Puppe gleicht.

Vom unbelebten Ding wird die Puppe zur

Person, die das Kind den kommenden Erlebnissen entsprechend zu verwandeln, zu kleiden lernt. Im Verlauf der Monate und Jahre wird sie seine Zuneigung und die – oft unbewußten – Ängste aufnehmen und mittragen, welche das Kind durch seine ganze Spielzeit begleiten werden. Sie besitzt jetzt eine Seele: die Seele, welche ihr das Kind verliehen hat. Zauber der Kindheit... Zauber der Puppe!

Dank der Puppe kann sich das Kind eine Parallelwelt erschaffen, die es mit den vielfältigen Episoden seines vergangenen, gegenwärtigen und künftigen Lebens erfüllt.

PUPPE, WER BIST DU?

«Ich bin vielfältig, wie du mich willst. Bereit, dich auf allen Wegen zu begleiten. Ich bin die Puppe ‹Trost›, eng an dich geschmiegt, beruhigend. Ich bin die Puppe ‹Geborgenheit›, die im Bettchen bei dir ist, die die Angst vor der Nacht besiegen hilft und das Erwachen versüßt. Ich bin die Puppe ‹Zärtlichkeit›, die alle Düfte des vertrauten Alltags aufnimmt. Ich bin die Puppe mit den tausend geheimen Namen, die sich so weich anfaßt, deine eigene Welt, welche dir hilft, die andere Welt zu erfahren, auch wenn dies manchmal weh tut. Ich bin dein treues zweites Ich auf deinen Entdeckungsfahrten in neue Gefilde.»

Die erste Bindung an einen Gegenstand, den man liebgewinnt, der ein eigenes Gesicht hat. Erster Besitz... und dann die Angst, ihn zu verlieren, getrennt zu werden. Erstes Begreifen auch: Was gegeben wird, kann genommen werden. Eine lange Lehre, zum Glück mit sanftem Anfang. Von seinen ersten Jahren an lernt das Kind seine Puppe herzen und wickeln, oft mit der geradezu hartnäckigen Sorgfalt einer Mutter. Es sieht sich dem Widerstand, dem Sträuben «seines Babys» gegenüber, wenn ein Bein oder ein Arm partout nicht in das Puppenkleid will: Wiederholung uralter Handgriffe, die jede Generation neu entdecken muß. Zeugnis der Gefühle, die dem Kind helfen, seine Empfindungswelt zu festigen und gleichzeitig seine eigene Persönlichkeit aufzubauen. Sich verantwortlich zu fühlen. Ein kleineres, hilfloses Wesen in den Armen zu halten, über das man Macht ausübt.

Nach den Gesten entdeckt das Kind die Sprache. Die ersten gestammelten Worte sind auch schon erste Beschwörungen... Nachahmungen des mütterlichen Vorbilds: «Schlaf, Kindlein, schlaf». Für die Puppe wiederholt das Kind unermüdlich solche und ähnliche Rituale des Einschlafens. Es wird der Hüter ihres Schlafes, so wie diese ihm nachts Geborgenheit schenkt.

Mit wachsendem Wortschatz wird die Puppe zur Vertrauten des Kindes. Sie lauscht seinen großen und kleinen Geheimnissen, versteht alles, weiß alles, kann alles. Schnell wird sie zur

«Googly» mit Porzellankopf und zeitgenössischer Kleidung. Höhe 30 cm. J. D. Kestner, Deutschland, 1913; Collection Storz.

unersetzlichen, segensreichen Gestalt im Dienst der Kindheit.

Dem Idol nahe, schützt die Puppe als Fetisch mit beinahe geheiligten Kräften vor dem Bösen. So begleiten beispielsweise bei manchen afrikanischen Stämmen Fruchtbarkeitspuppen die Frauen vor und während der ganzen Schwangerschaft. In andern Ländern taufte man im parodierten kirchlichen Akt eine Stoffpuppe. Heilige Puppe oder Spielpuppe, das ist eine Frage der Zivilisation, der Epoche, des Ortes.

Die Rolle der Puppe als Opfer hingegen ist zweifellos universal. Sie ist der Sündenbock für die Leiden des Kindes. Sie erträgt seine Launen und erduldet seine Aggressionen.

«Du Böse, du Unfolgsame, du Gemeine!» Alles, was man ihm vorwirft, kann das Kind so auf seine Puppe abwälzen. Vom Opfer wird das Kind damit zum Henker. Es kann seine Puppe schlagen, mißhandeln und so ungestraft seine Aggressivität ihr gegenüber loswerden.

Sein Opfer büßt für Gefühle, denen es sich verweigert. Es befreit sich von ihnen, indem es sie auf die Puppe überträgt. Diese Erfahrung gehört mit zum Prozeß, sich gegenüber andern abzugrenzen und damit begegnungsfähig zu werden. In diesem Übergang zum sozialen Wesen wirkt die Puppe als Vermittlerin. Sie steht jetzt im Zentrum symbolischer Spiele, in denen das Kind sie verschiedene Rollen spielen läßt.

Häufig übernimmt es selbst eine der Rollen und teilt die andern der Puppe zu. Damit bereitet es die Bühne für Szenen, die ihm Freude machen oder Schwierigkeiten bereiten: das Essen am Familientisch, der Streit mit dem großen Bruder oder einer Freundin usw. Die Wiederholung des erlebten Geschehens geht häufig einer Phase voraus, in der die Rollen getauscht werden. Das Kind übernimmt jene der Eltern oder des großen Bruders, gibt von selbst die bisherige passive zugunsten einer aktiven Haltung auf. Indem es tut «als ob», versetzt es sich in die Lage der andern. Dank diesem Aus-sich-Herausgehen kann es sich außerhalb seiner Ichbezogenheit entwickeln.

In der Folge beginnt sich das Kind mit den Puppen zu identifizieren, erwählt sie zu Vorbildern, zu Beispielen dessen, was es sein möchte... oder was seine Eltern von ihm erwarten. Durch Nachahmen nimmt es diese Archetypen auf und reproduziert ihr Idealbild: Schönheit, Ausstrahlung, Reichtum.

Und damit alles vollkommen ist, läßt es die Puppe inmitten von Möbeln leben, die ihrem Rang entsprechen. Sie muß nun eine Garderobe haben, die allen Umständen gerecht wird: Kleider zum Ausgehen, Unterwäsche, Abendrobe und vor allem das Brautkleid. Mit diesem Prunkgewand par excellence läßt sich die Trauungsszene immer wieder nachspielen...

Nächster Akt. Das kleine Mädchen schlüpft in die Rolle der Frau, wie das Victor Hugo so treffend beschrieben hat: «Sich vorzustellen, daß etwas jemand ist, darin liegt die ganze Zukunft als Frau. Ganz träumerisch und ganz spielerisch, kleine Aussteuern und Babysachen zusammentragend, Kleidchen und Unterwäsche nähend, wird das Kind zum Mädchen, das Mädchen zur jungen Frau und zur Mutter: Das erste Kind wird der letzten Puppe folgen.»

Als ideale und vielseitige Schauspielerin drückt die Puppe nicht nur das aus, was das Kind weiß oder lernt, sondern auch das, was es nicht zu sagen wagt oder noch nicht zu sagen weiß.

Die Fabrikation eigentlicher «Kinder»-Puppen setzte erst gegen die Mitte des 19. Jahrhunderts ein. Vorher hatte man vor allem Erwachsene in verkleinerter Form wiedergegeben. Doch von nun erschien die Puppe als «Kind» und «Baby», da sich ein neuer Gedanke durchzusetzen begann: Das Kind wurde nicht länger als kleiner Erwachsener, sondern als Wesen mit selbständiger Persönlichkeit und typisch kindlichen Eigenschaften betrachtet. In der Folge erscheint die «Charakterpuppe», deren Züge von Trauer, Freude, Zorn, Schalk oder Schmollen zeugen. Diese Puppen sind nicht länger das reine Bild eines vollendeten Wesens, sondern erinnern an lebensechte Gestalten.

Aus all diesen Rollen setzt sich das vielfältige Erscheinungsbild der Puppe zusammen. Dem Können und der Phantasie ihrer Schöpfer obliegt es, die kleinen Personen zu erfinden, die dann für das Kind zum zweiten Ich zu werden vermögen.

Schneider-Spielkasten. Länge 34 cm. Puppe mit Porzellankopf. Deutschland, um 1900; Sammlung F. C. Weber.

DER WERBESTAR «BLEUETTE»

Im Frankreich nach der Jahrhundertwende spielt eine berühmte Puppe eine einzigartige Rolle: «Bleuette» trägt nämlich 1905 zur Lancierung der Zeitschrift *La Semaine de Suzette* bei. Wer ein Jahresabonnement vorausbestellt, erhält gratis die 27 Zentimeter große Gliederpuppe, die von der Société française de fabrication des bébés et jouets (SFBJ) hergestellt wird. In einer einzigen Woche sind 20 000 «Bleuette» beziehungsweise Abonnemente bestellt, was die kühnsten Erwartungen übertrifft und die Zeitschrift in arge Lieferschwierigkeiten bringt. Und in der Folge erscheint in jeder Nummer eine Nähanleitung, bis «Bleuette» schließlich eine vollständige Aussteuer beisammen hat. Die Puppe hat eine weitere Rolle besetzt, jene des Werbestars.

MACH MIR EINE PUPPE

Wenn wir die Gabe hätten, in die Vergangenheit und die Geheimnisse der Puppe einzudringen und hier eine Tür aufzustoßen, dort einen Schleier zu lüften, wären wir zweifellos verblüfft. Wieviel Phantasie ist doch aufgewendet worden, um zu Hause diese vielfältigen Figuren zu schaffen. Wieviel Geschick haben doch Eltern und Kinder bewiesen, um aus irgendwelchem Kram diese unersetzlichen kleinen Gefährtinnen zu basteln. Wie viele Frauen haben es verstanden, aus Stoff- und Wollresten oder andern Materialien kleine Wunderwerke zu zaubern. Und wie viele Schneiderinnen haben sich von ihren Modellkleidern inspirieren lassen und sie en miniature nachgemacht. Trotzdem war es nötig, daß Handwerker sich auf die Fertigung von Puppen spezialisierten, um eine eigentliche

Puppenindustrie entstehen zu lassen. Um ihr Kunsthandwerk und ihr Geschäft besser schützen zu können, schlossen sich beispielsweise die Nürnberger Puppenmanufakturen bereits von der zweiten Hälfte des 15. Jahrhunderts an in Zünften zusammen. Und in Paris waren die Ausbildung von Lehrlingen sowie gewisse Standesregeln Anfang des 17. Jahrhunderts genauestens festgelegt. Um sich «Meister-Puppenmacher und -maler» nennen zu dürfen, mußte nach einer vierjährigen Lehrzeit in zweijähriger Arbeit beim Lehrmeister das «Meisterstück» geschaffen werden, mit dem die Ausbildung abgeschlossen wurde. Diese strengen Reglemente, deren Verletzung mit königlichen Bußgeldern geahndet wurde, legen außerdem den Standort der Verkaufsstellen, die Zahl der Läden, die ein einzelner besitzen darf, und eine ganze Reihe weiterer Schutzbeschränkungen fest.

Diese Vereinigung der französischen Puppenmacher, der *poupetiers*, wird bald von jener der *bimbelotiers*, der Nippeshersteller, abgelöst, die sich im 18. Jahrhundert mit jener der *petits merciers* zusammenschließt. (*Bimbelot*, später *bibelot*, Nippes, kleiner, gefälliger Gegenstand, Kinderspielzeug, kommt von lateinisch *bimba*, Puppe). Zum Verband der Mercerie- oder Kurzwarenhändler gehörten unter andern auch die Verkäufer von Rosenkränzen, Kämmen, Tennisschlägern, Brettspielen und allerlei Spielwaren. Damit war eine Zentralisierung in die Wege geleitet, die im Verlauf des folgenden Jahrhunderts immer stärker werden sollte.

Die ersten bedeutenden Ansätze zur Industrialisierung der Puppenmanufaktur finden sich jedoch in Frankreich erst im letzten Viertel des 19. Jahrhunderts, nachdem zahlreiche Neuerungen im Maschinenbau und die Aufgliederung der Fertigung in einzelne Arbeitsgänge die Massenherstellung möglich gemacht hatten.

Der erste Betrieb in Frankreich, in dem alle Elemente industrieller Herstellung vereinigt sind, ist die 1873 in Montreuil-sous-Bois eröffnete Usine Jumeau, die aus einer 1843 von Pierre-François Jumeau gegründeten Manufaktur hervorgegangen ist. In unmittelbarer Nähe von Paris gelegen, profitiert sie von den neu eröffneten Eisenbahnlinien für den Transport der Materialien und den Versand ihrer Puppen. In seinem 1893 erschienenen Werk *Les Jouets* («Spielzeug») beschreibt der Journalist Léo Claretie einen Besuch in der Puppenfabrik:

«Man gießt Rümpfe aller Größen in Stahlmatrizen, die sich aufklappen lassen. Die Arbeiterin füllt den Hohlraum mit leimgetränktem Altpapier aus, so daß man auf der ganzen Innenseite eine gewisse Dicke erhält. Wenn man die Gußform öffnet, kommt ein Gegenstand im Relief zum Vorschein, der sich als prachtvoll geformte Büste mit elegantem Schwung entpuppt, mit der graugrünen Farbe eingeweichten und getrockneten Papiers. (...) Im Innern des Rumpfs klebt man eine hölzerne Querstange fest, an der die kupfernen ‹Sehnen› sämtlicher Glieder befestigt werden. (...) Andernorts preßt eine mächtige Maschine nur Hände. Den ganzen Tag bewegt sich der Kolben auf und ab, und jedesmal fällt eine Hand heraus, eine kleine Hand mit allen Adern, Gelenken, Fingernägeln, in häßlichem, ölglänzendem Braun. Die kleinen Hände füllen Körbe, trocknen auf Stäbchen, die in Brettchen gesteckt sind: Man könnte sich in eine Schrekkensszene versetzt glauben, wo Hunderte von Zwergen vom Beil des Scharfrichters zerstückelt wurden. (...) Die Modellköpfe sind gegossen, und der Abdruck dieser Gußformen wird in Porzellanerde von erstaunlicher Feinheit festgehalten. Sie ist zuvor filtriert, gesiebt und geschlämmt worden, das letzte Sieb ist fein wie ein Seidengewebe. Man läßt die Porzellanerde aus Rohren in die heiße Form einlaufen, bis diese gefüllt ist. An den Wänden bleibt eine Schicht von einer gewissen Stärke haften, die jener des Porzellans entsprechen wird. Die restliche Kaolinerde läßt man nach einigen Minuten in einen Bottich fließen. Nach diesem Guß löst man die Köpfe aus der Form.»

Puppe mit Kopf aus Elfenbeinporzellan und Originalkleidung. Körper aus Leder. Höhe 48 cm. Alt, Beck & Gottschalk, Deutschland, 1870; Collection Storz.

Die Köpfe in Biskuitporzellan werden in zwei Arbeitsgängen gebrannt. Nach dem Gut- oder Glattbrand von rund zwanzig Stunden Dauer bei etwa 1400 Grad in großen Holzöfen ist das Porzellan weiß und hart. Nun kommen die Köpfe in die Schleiferei und dann ins Malatelier. Nach der Grundierung wird die Hautfarbe aufgetragen, dann folgen Verzierungen wie gezeichnete Wimpern, Augenbrauen und Lippen, die den Jumeau-Puppen ihr charakteristisches Gepräge geben. Nun sind die Köpfe bereit für das rund siebenstündige Einbrennen bei etwa 700 Grad. Da die Bemalung handwerklich erfolgt, sind die Gesichter der Jumeau-Puppen nie genau gleich, was sie gewissermaßen zu unverwechselbaren Persönlichkeiten macht. Der heutige Wert einer solchen Puppe hängt weitgehend von der Qualität des Kopfes ab.

Doch setzen wir unsern Besuch bei Jumeau in jener Werkstatt fort, in der die Augen nach einem Verfahren hergestellt werden, das Robert Capia in seinem Werk über die französischen Puppen zitiert:

«Die junge Arbeiterin sitzt vor einer Werkbank und tritt mit den Füßen gleichmäßig zwei Pedale. Auf dem Arbeitstisch steht ein Gasofen mit mehreren Hahnen, die einen fürs Gas, die andern für die Luft. Eine mehr oder weniger starke Flamme, je nach Bedarf, erhitzt die verschiedenen Substanzen, aus denen die Augen gefertigt werden. In der einen Hand hält die Arbeiterin einen Schweißkolben, um das Glas zu verflüssigen, in der andern einen Stab aus schwarzem Glas, der zu einem Faden ausgezogen ist. Mit flinkem Drehen in der Brennerflamme formt sie das kleine schwarze Rund für die Pupille. Dann nimmt sie den blauen Glasstab und läßt die blaue Iris auffließen. Ist dies geschehen, zeichnet sie in der Iris mit ganz feinem weißem Glasdraht kleine Striche rund um die Pupille, die das Auge zum Strahlen bringen.»

Capia fügt hinzu: «Man mußte das Jahr 1885 abwarten, bis ein neues Verfahren gefunden wurde, um das menschliche Auge wiederzugeben. Dabei ist der Stab mit Weißglas nicht nur ausgezogen, sondern ganz fein verdreht, so daß die Strahlen rund um das Auge eine Vielzahl feinster Verzweigungen bilden, welche das lebendige Auge zum Verwechseln nachahmen.»

Dann folgt das Zusammensetzen der Einzelteile, und schon kann die Puppe in ihrer Schachtel Platz nehmen, bereit für den Versand in die weite Welt. Wie könnte man über den Erfolg dieser Puppen staunen angesichts der Sorgfalt und Detailliebe, die ihre Fertigung begleiteten?

Wer seinen Kindern keine derart kostspieligen Puppen schenken konnte, dem standen von den achtziger Jahren an Puppen aus Pappzeug oder Papiermaché zur Verfügung, das mit Bohnenmehl und Leim versetzt wurde, bevor man daraus in Pressen die einzelnen Körperteile formte. Im Innern dieser Puppen stecken häufig Kiesel, die ein fröhliches Klappern als zusätzlichen Anreiz für das Kind erzeugen. Obwohl als billige Massenware hergestellt, sind Papiermaché-Puppen heute sehr gesucht.

Die bekanntesten russischen Spielzeuge sind zweifellos die «Matrioschkas», Serien von vier bis zwölf ineinandergeschachtelten Puppen. Sie stellen meist Bojaren, Mönche oder verschiedene Gestalten aus der russischen Literatur dar.

Die deutsche Puppenmanufaktur trieb schon im 17. Jahrhundert weltweit Handel mit «wohlgemachten Spiel- und Dockenwaren» (das westgermanische Stammwort Docke bezeichnet eine einfache Puppe), und um 1800 war die deutsche Puppenindustrie führend in der Welt. Die Unternehmen konzentrierten sich anfänglich im sogenannten Meininger Oberland um die alte Puppenmetropole Sonneberg, im frühen 19. Jahrhundert entwickelte sich dann ein zweites Zentrum in Waltershausen, in den Vorbergen des Thüringer Waldes. Zwei Drittel der Produktion wurden exportiert, vor allem nach England und den Vereinigten Staaten. Das entsprach in manchen Jahren rund 50 Prozent des Welthandels, und allein 1895 wurden Puppen im Wert von 24 Millionen Mark ausgeführt. Vor allem auf dem amerikanischen Markt lieferten sich die deutschen und französischen Hersteller einen erbitterten Kampf: Jumeau entwickelte eigens für die Vereinigten Staaten ein Würfel-Brettspiel, in dessen «guten» Feldern Jumeau-Puppen und in den «schlechten» deutsche Puppen dargestellt waren: «Wer in den Brunnen fällt (Feld 31 mit einer deutschen Puppe), setzt drei Runden aus und muß dann warten, bis ihn ein anderer Spieler ablöst.»

Der bekannte französische Spielzeugforscher Henri-René d'Allemagne schrieb 1908 über die deutsche Puppenindustrie: «Seit einem Vierteljahrhundert haben die Kleiderpuppen einen gewaltigen Aufschwung genommen. Die Wachskopfpuppen sind durch solche mit Papiermaché-Köpfen abgelöst worden, welche vollständig wasserfest sind und außerdem den Vorteil haben, praktisch unzerbrechlich zu sein. Man verwendet aber auch noch viele Puppen mit Porzellanköpfen. Die Fabriken aus dem Kreis Sonneberg verkaufen die Köpfe häufig einzeln, und dieser Handel macht nach Schätzungen mehrere tausend Dutzend pro Tag aus.»

Eine Spezialität besonderer Art sind die Grödner Holzpuppen aus dem Südtiroler Val Gardena (Grödner Tal) mit ihren einfachen Holzkörpern, deren Arme und Beine durch eingeschobene Stifte beweglich bleiben. Trotz der schlichten Verarbeitung wirken sie äußerst lebendig. Bereits zu Ende des 18. Jahrhunderts wurden sie von Sonneberger und Nürnberger Händlern aufgekauft und bis nach Amerika ausgeführt, wo die preisgünstigen Holzpuppen als «Penny Woodens» sehr beliebt waren. Zu Beginn des 20. Jahrhunderts wurde die Fertigung eingestellt.

KLEINE BELIEFERN GROSSE

Die auf bestimmte Zentren konzentrierte Puppenindustrie des ausgehenden 19. Jahrhunderts stützte sich auf einen breiten Kreis von Zulieferern, vor allem Heimarbeitern, darunter viele Frauen und Kinder. Letztere müssen schon im Alter von acht Jahren in schlecht beleuchteten und kaum geheizten Werkstätten arbeiten. Das Los dieser Kinder ist hart. Bei gleicher Arbeit erhalten sie den halben Lohn einer Frau, und diese verdient nur halb soviel wie ein Mann.

Der Einsatz von Maschinen macht es möglich, daß gewisse Arbeitsplätze mit Frauen und Kindern statt mit Männern besetzt werden können, was zur Senkung der Lohn- und damit der Herstellkosten beiträgt, ja sogar Sträflinge werden in der Puppenmanufaktur eingesetzt.

In Deutschland war die Arbeitsteilung zwischen Exporteuren, Fabrikanten und Heimarbeitern besonders weit gediehen. Wenn der Exporteur von einem auswärtigen Kunden aufgrund seiner Muster einen Auftrag über eine größere Stückzahl erhielt, wandte er sich an den Fabrikanten, häufig selbst Modelleur oder Bossierer, der die Arbeiten wiederum an Hausindustrielle und Heimarbeiterinnen weitergab: die Drücker, Drechsler, Holzschnitzer, Dockenstopfer, Stimmen- und Balgmacher, die Puppenkleidnäherinnen, Puppenfrisur- und -schuhmacherinnen. All die Einzelteile wurden dann in der Manufaktur des Fabrikanten zusammengesetzt, wo man ihnen den letzten Schliff verlieh. Der Exporteur schließlich prüfte die Qualität der abgelieferten Puppen, bevor sie in Öltuch eingeschlagen oder in verlöteten Blechkisten die Reise in die Welt antraten.

DER KONKURRENZSCHOCK

Die wachsenden Handelsbeziehungen und die Fortschritte im Transportwesen begünstigten das Entstehen von Ausstellungsmessen für Grossisten, wo sich Hersteller, Verkäufer und Käufer begegneten. Eine dieser großen Messen fand jeweils am ersten Montag im März in Leipzig statt, bedeutende Treffpunkte waren aber auch Paris, London, Wien, ja selbst Philadelphia.

Bei diesen Ausstellungen machte sich der harte Wettbewerb zwischen Puppenfabrikanten aus der ganzen Welt am deutlichsten bemerkbar. Die folgenden, für die damalige Zeit erstaunlichen Eindrücke nahm Henri-René d'Allemagne 1904 von der Weltausstellung in Saint Louis, im US-Bundesstaat Missouri, mit nach Hause: «Japan wandelt sich zur Industrienation, überall entstehen Fabriken, wo die mechanische Fertigung sich zu tiefsten Löhnen gesellt. Mit dem angeborenen Erfindergeist vereint sich beim japanischen Volk eine kaufmännische Gewandtheit, dank der es wahrhaft künstlerische Modelle zu schaffen weiß. Und um die ausländische Konkurrenz zu ruinieren, schreckt es nicht davor zurück, europäische Modelle, die es sich beschafft hat, zu kopieren. In kurzer Zeit hofft man diese durch die eigenen Erzeugnisse zu verdrängen, die um vieles billiger angeboten werden können.» Die Weitsicht dieser Worte an der Wiege des 20. Jahrhunderts sollte durch die ganze weitere Wirtschaftsgeschichte bestätigt werden.

In bezug auf die deutsche Industrie erinnert D'Allemagne daran, daß sie praktisch den gesamten Spielzeughandel in den Vereinigten Staaten ungeachtet der hohen Einfuhrzölle von 35

Prozent an sich gerissen hat. «Wie machen sie es nur, daß sie diesen friedlichen, aber für unsere Industrie so verhängnisvollen Sieg davontragen? Die Gründe sind vielfältig. Zuerst einmal schrecken sie nicht davor zurück, beträchtliche Beträge zu investieren und neue Wege einzuschlagen. Zweitens zögern sie nicht, Vertreter mit einem reichhaltigen Muster- und Modellkatalog loszuschicken. Diese Reisenden besuchen mögliche Kunden jeder Größenordnung und nehmen sich die Mühe, die Bedürfnisse des Landes zu erkunden, in dem sie arbeiten, dies zum größeren Wohle ihres Vaterlandes.» So fabrizierten die deutschen Puppenhersteller zu Hause Püppchen, die dem Kunsthandwerk der Indianer täuschend ähnlich sind, um sie dann in die Vereinigten Staaten zu exportieren.

Ein weiteres entscheidendes Element, das zum Erfolg der deutschen Spielzeugindustrie beitrug, war die Unterstützung durch die Bankiers. Sie ermöglichten die Vorfinanzierung von Weihnachtsbestellungen jeweils bereits im März, was die Mittelverwaltung der Unternehmen beträchtlich erleichterte.

Nochmals D'Allemagne zur Situation in Deutschland: «Um die Qualität aufrechtzuerhalten und mit dem Ziel, ständig neue Modelle zu schaffen, ist in Sonneberg eine Berufsschule gegründet worden, in der alle Fertigkeiten im Zusammenhang mit der Spielzeugfabrikation unterrichtet werden. Diese 1883 von den Kaufleuten und Fabrikanten von Sonneberg geschaffene Lehrstätte erhält sowohl von der herzoglichen Regierung wie von der Stadt Sonneberg Schulgelder.»

In diesem Klima hart umkämpfter Märkte, verschärft durch die beschleunigte Entwicklung der Techniken, versuchen die Erfinder ihre Entdeckungen so gut wie möglich gegen Industriespionage abzuschirmen. Die wirtschaftlichen und finanziellen Einsätze sind hoch, und jede neue Entwicklung kann für ganze Regionen lebenswichtig werden.

ERSTE PATENTE

1823 läßt der Wiener Instrumentenbauer und Erfinder des Metronoms Johann Nepomuk Mälzel seine Idee einer sprechenden Puppe schützen. Robert Capia beschreibt ihren Mechanismus: «Durch Bewegen der Arme wird im Körper der Puppe ein Gebläse betätigt. Der Ton entsteht, indem die Luft durch ein Hörnchen geblasen wird und sich das Gebläse dank einer sinnreichen Vorrichtung zweimal hintereinander öffnet und schließt. So wird ein Laut erzeugt, den unsere Vorfahren, allem Neuen zugetan, mit viel gutem Willen als ‹Papa, Mama› identifizierten.»

1850 wiederum läßt Mademoiselle Calixte Huret ihre Gliederpuppen aus Guttapercha patentieren, einer kautschukähnlichen Masse, die aus dem Milchsaft einer malaiischen Baumart gewonnen wird. Auf hundert Grad erhitzt, ist sie leicht formbar; beim Erkalten erhärtet sie und wird außerordentlich widerstandsfähig. Auf der Weltausstellung in Paris erhielt Mademoiselle Huret für ihre Erfindung eine Bronzemedaille, allerdings wurde der hohe Preis beanstandet (eine Huret-Puppe kostete bis zu 80 Francs, die Heimarbeiterin erhielt für das Nähen der «tadellosen Toilette» ganze 50 Centimes pro Tag…).

Dank Jules-Nicolas Steiner, ursprünglich Uhrmacher, der in vierunddreißig Arbeitsjahren als Puppenfabrikant nicht weniger als zweiundzwanzig Patente anmeldete, lernte die Puppe bereits 1855 weinen. 1876 brachte Elie Martin mit seiner «Undine» gar eine schwimmende Puppe auf den Markt, und Léon Casimir Bru, Besitzer der bedeutendsten französischen Puppenfabrik neben Jumeau, ließ 1879 sein «Bébé Téteur» patentieren, die Nachahmung eines trinkenden Säuglings. Sechs Jahre später, 1885, beantragte Emile Jumeau ein Patent für «Schlafaugen», und 1893 schuf Henri Lioret zusammen mit Jumeau eine Weiterentwicklung der Sprechpuppe, das «Bébé Phonographe», das nach Wunsch lachte, sprach und sang. 1904 wiederum deponierte die Rheinische Gummi- und Celluloid-Fabrik, deren Erzeugnisse seit 1889 als Schutzmarke eine Schildkröte trugen, ein Patent für Puppen aus Zelluloid mit beweglichen Gliedern. Solche Verbesserungen, die meist durch Patente geschützt wurden, sind im größeren Rahmen der Entwicklung von Automaten, insbesondere von Spielzeugautomaten, zu sehen.

Kaffeeservice aus Zinn. Kaffeekanne 11 cm. Basler Fabrikat, um 1830; Sammlung F. C. Weber.

schnell, wie gut sich die Puppe eignete, um ihre Kreationen zu präsentieren. Sie wurde so zum Miniaturmannequin und Abbild der erwachsenen Frau. Damit war die «Modepuppe» geboren, die charmante Botschafterin der Hauptstädte der Welt, vor allem von Paris. Dazu Robert Capia: «Man nennt sie allgemein ‹Modepuppen›, diese Geschöpfe mit dem Körperbau einer erwachsenen Frau. Kopf und Ausschnitt, manchmal auch Arme und Hände, sind aus Biskuitporzellan gefertigt. Der Körper aus Leder entspricht den Schönheitsidealen ihrer Zeit: schlanke Taille, üppige Brust- und Hüftpartie. Das Gesicht trägt den eher strengen Ausdruck hochmütiger, distinguierter Damen der Gesellschaft. Das Makeup ist zurückhaltend, der Mund geschlossen, die Augen ausdrucksvoll, die Ohren mit Ringen oder Pendentifs geschmückt, das Haar streng frisiert, oft tragen sie einen Hut. Die Kleider sind von guter Qualität, elegant und diskret. Als Mannequins, Spielzeug, Werbeartikel oder Lehrbeispiel haben diese Puppen verschiedene Aufgaben, und mit ihrer gepflegten Erscheinung begeistern sie bis heute.»

PUPPE UND MODE

Puppenkleider, ob schlicht oder prunkvoll, spiegeln die Mode ihrer Zeit durch alle sozialen Schichten wider. Die Modeschöpfer erfaßten

Bereits im 14. Jahrhundert ließ die französische Königin Isabeau von Bayern ihrer Tochter, der englischen Königin, Puppen mit ihrer neusten Garderobe zukommen, um ihr zu zeigen, was in Paris Mode sei.

Im 16. Jahrhundert findet sich in der Korrespondenz des französischen Königs Heinrich IV. folgende Stelle: «Frontenac sagt mir, daß Ihr

(Maria de' Medici) Euch einige Beispiele von der Fasson wünscht, wie man sich in Frankreich kleidet. Ich schicke Euch Puppen.»

Die Schneider in der Provinz und im Ausland wiederum erwarteten jeweils mit Ungeduld die Puppen aus Paris, um ihre eigenen Herren einzukleiden. Als jedoch im Zweiten Kaiserreich (1852–1870) die Pariser Couturiers ihre Kreationen an lebenden Mannequins vorzuführen begannen, setzte der Niedergang der Modepuppen ein; den Todesstoß versetzten ihnen die ersten Modekataloge.

Doch auch der Toilette der Spielzeugpuppen wurde von Beginn der industriellen Fertigung an große Aufmerksamkeit geschenkt, hatte sie doch stets der neuesten Mode zu entsprechen. Claretie spricht mit Bewunderung von der Unterwäsche der Puppenfabrik Jumeau, «wo kokette Modelle die Mauern schmücken, zwischen den Schnittmustern aus Blech und den Nähmaschinenkästen. Hier werden die gestickten Hemdchen genäht, die Kleidchen und Federhütchen gefertigt. Das ist ein Treffpunkt en miniature aller Künste der Frau. Andere Arbeiterinnen sind damit beschäftigt, diese kleinen Damen herauszuputzen, die Perücken zu kämmen, den Stirnscheitel zu ziehen, die Strümpfe überzustreifen, Gürtel umzuschlingen, Décolletés auszuschneiden und Schmuckstücke anzustecken, um der neuen Galatea den Pariser Charme zu verleihen, wie es sich gehört.»

Der Modelleur, der eine neue Puppenkollektion zu entwerfen hatte, arbeitete täglich mit einem Team aus Schneiderinnen, Modistinnen, Schuhmachern, Juwelieren, Strickwarenherstellern, Kürschnern, Optikern und Friseuren zusammen, um seine Puppen nach der neuesten Mode einzukleiden. Und dabei ist auch die Unterwäsche von Bedeutung. Sie gibt dem Kleid die gewünschte Fülle, verdeckt den Körper der Puppe bei dem vielfachen Aus- und Anziehen, das diese in den Händen ihrer künftigen kleinen Besitzerin erwartet. Auch der Fertigung der Schühchen wird größte Aufmerksamkeit geschenkt, Sohlenaufbau, Vernähung und Zierat getreulich imitiert.

Im 20. Jahrhundert haben die Puppenfabrikanten die vielfältigen Erfindungen des 19. Jahrhunderts laufend verbessert. Im Verein mit neuen Werkstoffen und Fertigungstechniken ist die Puppe dadurch immer vollkommener und lebensechter geworden; doch den Zauber und die Patina, welche die Puppen vergangener Epochen verschönern, schafft allein die Zeit.

«SEIN» ERSTES HAUS

«Daheim»... Ist das nicht einer der ersten Begriffe, die das Kind lernt? Ein Begriff, den es gleichsetzt mit Essen, Spielen, Schlafen, Zusammensein, Geborgenheit, geschützt vor dem, was draußen geschieht.

Das Puppenhaus war vor allem in den nordeuropäischen Ländern – Niederlande, England,

---

Emile Jumeau, der sich selbst den Titel «König der Puppen» verliehen hatte, widmete der Toilette seiner kleinen Schönen größte Aufmerksamkeit; diese Puppe trägt denn auch ein Modellkleid, wie sie Ende des 19. Jahrhunderts in Paris Mode waren.

Puppe mit Biskuitporzellankopf, «Schwefel»-Augen, Körper aus gedrechseltem Holz, Originalkleidung und -schmuck. Höhe 55 cm. Frankreich, 1870; Collection Storz.

Für die Herstellung der Puppenköpfe wurden verschiedenste Materialien verwendet: Holz, Wachs, Modelliermassen aus Mischungen von Leim mit Papier, Gips, Sägemehl usw., aber auch Kautschuk, Guttapercha und Zelluloid, bevor die neuen Kunststoffe des 20. Jahrhunderts ihren Siegeszug antraten. Ihre höchste Vollendung erreichten die Puppenköpfe des 19. Jahrhunderts jedoch zweifellos durch den Porzellanguß, entweder im unglasierten, bemalten Biskuitporzellan oder in feinsten Glasurfarben.

Von links nach rechts und oben nach unten:

Kopf und Ausschnittpartie aus Wachs, Stoffkörper, Naturhaar. England, um 1870; Sammlung F. C. Weber.

«Googly» aus Zelluloid. Charakterpuppe mit schelmisch-boshaftem Ausdruck. Schildkröt, Deutschland, 1920; Collection Storz.

Kopf aus Kompositmaterial mit gegossenem Haar, Knabenpuppe mit roter Schleife. Marke unbekannt, Frankreich, um 1870; Musée Forel, Morges.

Geschnitzter Holzkopf. Signiert Huggeler, Brienz, um 1910; Sammlung F. C. Weber.

Porzellankopf, Puppenfabrik J. D. Kestner, Deutschland, um 1910; Collection Storz.

Puppe mit Kopf, Haar und Schulterpartie in Elfenbeinporzellan, zeitgenössischer Schmuck. Marke unbekannt, Deutschland, um 1870; Musée Forel, Morges.

Die Schönen und die Strapazierfähigen… Die einen thronten häufig in Vitrinen, die andern konnten auch als Babyrassel benutzt werden: die Unterschiede in Kundschaft und Preis lassen sich leicht vorstellen.

Von links nach rechts und oben nach unten:

Puppenknabe mit Reif. Gliederkörper aus Holz. Höhe 41 cm, Deutschland, 1890; Collection Storz.

Porzellanpuppe in Originalkleidung. Höhe 58 cm. Simon & Halbig, Deutschland, 1891; Collection Storz.

Krippenpuppe. Kopf und Haar in Holz geschnitzt. Höhe 62 cm. Italien, Mitte 18. Jh., Musée Forel, Morges.

Modellpuppe von François Gaultier. Porzellankopf, Originalkleidung. Höhe 40 cm. Frankreich, um 1870; Collection Storz.

Porzellanpuppe mit Naturhaar und zeitgenössischer Kleidung, Höhe 40 cm. Simon & Halbig, Deutschland, 1890; Musée Forel, Morges.

Charakterpuppe, schmollend. Originalkleid und -hut. Höhe 38 cm. SFBJ, Frankreich, 1920; Collection Storz.

Modepuppe aus mit einer Kompositschicht überzogenem Holz, Naturhaar. Höhe 75 cm. Italien, Ende 18. Jh.; Musée Forel, Morges.

Babypuppen aus Zuckerhut-Packpapier. Höhe 21 cm. Frankreich, 1873; Musée de l'Art de l'Enfance, Annecy.

Bäuerin in Originalkleidung. Holzschnitzerei, Höhe 47 cm. Brienz, 1920; Collection Storz.

Puppe mit Papiermaché-Kopf, Gofun-Lackierung (aus Weichtierextrakten hergestellt), Naturhaar. Originalkleider aus reiner Seide. Höhe 50 cm. Japan, Meidschi-Ära (1868–1911); Collection Storz.

Als Antwort auf die Konkurrenz der französischen Puppenköpfe aus Biskuit- und emailliertem beziehungsweise glasiertem Porzellan verarbeiteten deutsche Puppenfabrikanten von ungefähr 1850 an Elfenbeinporzellan. Es wird auch Parianporzellan genannt, weil es an den berühmten Marmor auf der griechischen Insel Paros erinnert. Elfenbeinporzellan stammte aus England; seine Zusammensetzung wurde lange geheimgehalten.

Puppe mit Elfenbeinporzellankopf, Haar formgegossen und glasiert, durchbohrte Ohren. Originalkleidung und -schmuck. Höhe 40 cm. Deutschland, um 1870; Musée Forel, Morges.

Skandinavien – sehr beliebt, ebenso in Deutschland, wo besonders die Nürnberger Puppenhäuser und Puppenstuben berühmt wurden, während die Franzosen die Herstellung dieser Art von Spielzeug kaum vorantrieben.

Die Einrichtung der Puppenhäuser des 19. Jahrhunderts folgt meist einer festen Ordnung, die eine gewisse Vorstellung des Hauses, der Familie und der Gesellschaft aufrechtzuerhalten scheint. Der Platz und die Rolle jedes einzelnen Familienmitglieds sind genau festgelegt. Die Köchin steht vor ihren Töpfen, die Hausherrin sitzt in ihrem Boudoir, der Hausherr am Schreibtisch, wenn er sich nicht im komfortabel möblierten Rauchzimmer installiert hat. Wehe, wer an dieser Ordnung etwas zu ändern wagte!

Ein vollständiges Haus mit Mobiliar war kostspielig und eigentlich eher ein Spielzeug für Erwachsene als für Kinder. Diese erhielten häufiger ein Puppenzimmer: Stube oder Schlafzimmer, meist aber eine Spielzeugküche mit komplettem Kochgeschirr und -besteck.

Mit seinem Puppenhaus, der Puppenstube oder -küche kann das Kind sich einen Raum schaffen, der der Erwachsenenwelt gleicht, aber seinem Maß entspricht. Hier improvisiert es nicht nur Situationen, sondern kann sie auch in einem Umfeld durchspielen, das es selbst gestaltet und eingerichtet hat. Hier fühlt es sich als Herrin oder Herr des Hauses, als Besitzer. Hier kann es Figuren seiner Wahl zum Leben erwecken.

Puppe in Winterkleidung, eine der Botschafterinnen weiblicher Mode, die in die ganze Welt ausgeführt wurden.

Porzellankopf, Originalperücke, «Schwefel»-Augen. Höhe 50 cm. Jules Steiner, Frankreich, um 1880; Collection Storz.

ZAUBER DES HERDES

Ein altes Kinderbuch empfiehlt für den Weihnachts-Wunschzettel kleiner Mädchen: «Eine Küche mit blanken Tellern und Schüsseln sey ihnen für ihren Hausstand vorzüglich nothwendig. Besonders um die neu angekommenen Demoiselles (Puppen) nach Stand und Würde bewirten zu können.» Dabei dürfte die Puppenküche auch Knaben begeistert haben, weniger, weil sie sich zum Chefkoch berufen fühlten, sondern wegen ihres Hauptanziehungspunkts: des Kochherds mit seinen offenen Feuerstellen für die Töpfe, aus denen die Flammen lustig züngelten, wenn er mit kleinen Kerzen, Holzkohle oder Sprit befeuert wurde, und mit dem sich herrlich experimentieren ließ. Die robusten Puppenküchenherde aus Eisen und Gußeisen des 19. Jahrhunderts konnten oft sogar mit Holz geheizt werden. Sie wetteifern mit den selteneren Exemplaren, deren reichverzierte Kacheln etwas Helligkeit in die dunklen Küchen bringen.

Die Küchenutensilien sind griffbereit aufgehängt. Jedes Gerät hat seinen bestimmten Zweck, seine Sprache, seine Geschichte. Die blankgeputzten Kupferpfannen warten fein säuberlich ausgerichtet auf dem Regal auf ihren Einsatz. Dann beginnt der Tanz der Messer und Gabeln, der großen und kleinen Kellen, der Hackbretter und Siebe. Teller, Platten, Krüge und die Suppenschüssel stehen auf dem gedeckten Tisch.

Das Kind macht sich mit diesen Alltagsgegenständen vertraut, sie gehören zu den unverzichtbaren Requisiten für die Inszenierung des häuslichen Lebens. In seiner Miniaturküche spielt es mit einer imaginären Familie und kann selber die ihm zusagende Rolle übernehmen.

Die Puppenküche des 19. Jahrhunderts ist im allgemeinen aus Holz gefertigt, es gibt aber auch zahlreiche Beispiele, deren Wände und Böden aus bemaltem Blech oder aus Zinn bestehen.

VON EINEM ZIMMER INS ANDERE

In der guten Stube, im Salon, kann man die elegantesten Möbel bewundern. Sie sind auch am sorgfältigsten gearbeitet. Die perfekte Sammler-Puppenstube enthält selbstverständlich nur Möbel einer Epoche. Alles ist passend eingerichtet und sorgfältig geordnet, nach ganz bestimmten stilistischen Kriterien. In den meisten Puppenstuben allerdings sind die verschiedenen Stilrichtungen bunt gemischt, da über die Jahre und Jahrzehnte immer wieder ein kleines Möbel dazukam. Manche der kleinen Salons zeigen ein Puppen-Teekränzchen, mit zierlichen Teeservices aus Silber, Porzellan oder Zinn, Zucker- und Gebäckschalen, die für die Puppengäste bereitstehen.

Das Kinderzimmer wiederum ist häufig eine Mischung zwischen Rumpelkammer und aufgeräumtem Zimmer, doch schließlich ist es ja so eingerichtet, wie es dem Kind für seine Puppe gut dünkt. Es sammelt darin in buntem Durcheinander oder fein säuberlich aufgereiht allerlei Miniaturspielzeug. Es erfindet Spiele und sieht sich selbst als Puppengestalt unter Puppen. Es kann seiner Phantasie freien Lauf lassen, die Einrichtung umstellen, die Spielsachen immer wieder anders verteilen. Es kann seine Puppe auf den Nachttopf setzen, ins Bettchen legen, wieder aufnehmen. Unterdessen spaziert die kleine Porzellankatze auf den Dorfplatz, den das Kind geduldig aufgebaut hat. In einer Ecke des Zimmers steht ein geschmückter Weihnachtsbaum, unter den das Kind alle Geschenke legt, die es seiner Puppe geben oder selbst erhalten möchte… Kleine Zinnsoldaten beschützen sein Bett, die Kanone ist auf einen allfälligen nächtlichen Eindringling gerichtet. Hat das Kind von dieser Inszenierung genug, kann es alles ausräumen und eine neue Ordnung schaffen, die mit der Wirklichkeit wenig gemein zu haben braucht.

Das Zimmer nebenan ist das elterliche Schlafgemach. Es ist von einem großen Geheimnis umgeben. Das Bett der Eltern fasziniert und beschäftigt das Kind. Es wagt sich im Widerschein der Spiegel vor, im Schweigen, das auf der Symmetrie der kleinen Möbel und Teppiche lastet. Es bewundert die kostbaren Fläschchen, Kämme und Spiegel auf dem Frisiertisch. Es findet sich mitten in diesem elterlichen Gemach wieder und fühlt sich hier wohl. Es läßt seiner Phantasie freien Lauf, bis in die hintersten Ecken dieser kleinen Schlafkammer, die mit schweren Vorhängen bedeckt sind. Es träumt davon, in dem breiten Bett zu liegen, es in Besitz zu nehmen…

Im engen Raum seiner Puppenstube baut das Kind sein künftiges Leben auf, ein Leben, in dem es selbst erwachsen sein und Kinder haben wird.

Solche Puppenküchen aus emailliertem Eisen sowie das dazugehörige kostbare Kochgeschirr sind mit Schmuckelementen verziert, die von den berühmtesten deutschen Porzellanmalern entworfen wurden.
Dieses handbemalte und mit original Meißner Dekor verzierte Stück ist besonders gut erhalten. Länge 47 cm. Märklin, Deutschland, 1908; Sammlung F. C. Weber.

Die alte Spielzeugküche ist häufig ein Miniaturmuseum, das uns mit den Küchengeräten, den Herden und Möbeln sowie Bräuchen und Lebensweisen vergangener Zeiten bekannt macht.

Von links nach rechts und oben nach unten:

Küche mit Brotofen, Hausfrau aus geschnitztem, bemaltem Holz. Erzgebirge, Deutschland, Ende 19. Jh.; Spielzeugmuseum Riehen.

Kochherd aus Gußeisen und Blech, der gleichzeitig die Küche heizt; Kochtöpfe aus Weißblech und Messing. Nürnberg, um 1900; Spielzeugmuseum Riehen.

Geschirr aus weißer Keramik, Töpfe aus Ton, Steingut und Porzellan. Deutschland, um 1900; Spielzeugmuseum Riehen.

Küche aus Blech, teilweise in Holzimitation bemalt. Der Hahnen des Spültrogs wird aus einem Wasserbehälter gespeist. Auf dem Buffet stehen Zinnkrüge. Deutschland, Ende 19. Jh.; Sammlung F. C. Weber.

In seinem Puppenhaus kann das Kind sich eine Welt schaffen, die jener der Erwachsenen nachempfunden ist, in der es sich aber völlig ungebunden ausdrücken kann. Dieses um 1950 von Hans Peter His in Basel als Einzelstück gebaute Puppenhaus ist in verschiedenen Stilrichtungen möbliert.

Die Stube ist im Biedermeierstil (um 1830) eingerichtet; Biedermeier sind auch die Möbelchen aus Holz und Marmor des Schlafgemachs. Die Figuren aus gegossenem Porzellan stammen vom Ende des 19. Jh.; im Vordergrund sieht man ein Kinderbuch von Heinrich Hoffmann. Der Ofen besteht aus Zinn und Blech. Im Estrich wiederum finden sich verschiedene Gegenstände aus dem Ende des letzten Jahrhunderts. Spielzeugmuseum Riehen.

Dank seiner außerordentlich sorgfältigen Ausführung, der reichen Möblierung und der Vielfalt der Einrichtung spiegelt dieses Puppenhaus das Boudoir eines Basler Bürgerhauses und gleichzeitig die Lebensart im ausgehenden 19. Jahrhundert wider.

Holzmöbelchen, Einrichtungsgegenstände aus Zinn, Eisen und Glas, Leuchter aus Zinn. Die beiden Püppchen sind aus Porzellan. Deutschland, Ende 19. Jh.; Sammlung F. C. Weber.

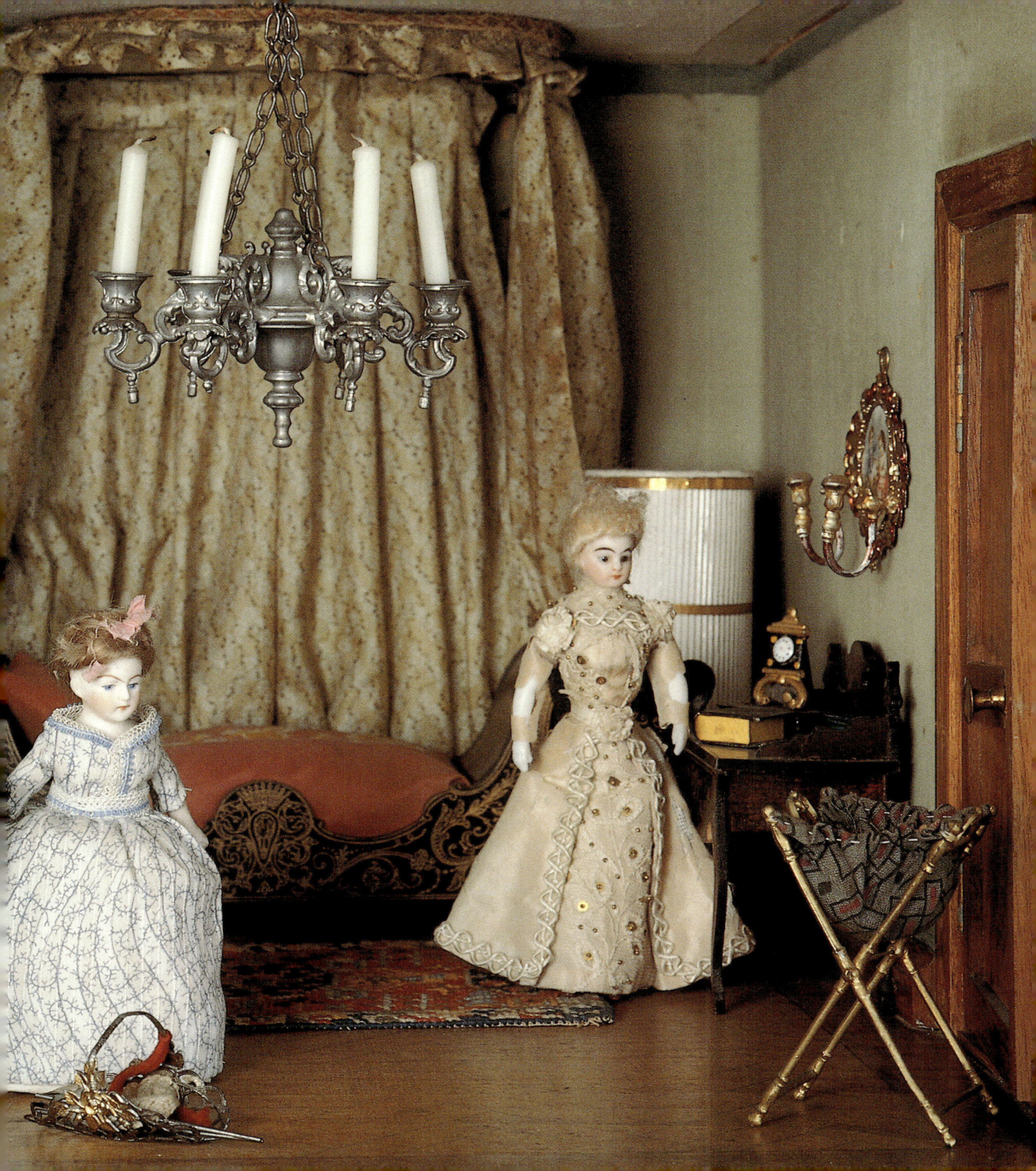

«Schlaf, Kindlein, schlaf...» Mit denselben Wiegenliedern, mit denen das Kind selbst eingeschlafen ist, gibt es auch seiner Puppe zu verstehen, daß es da ist und sie im Schlaf behüten wird.

Puppenmutter mit Porzellankopf und Mohairhaar. Höhe 47 cm. Kestner, Deutschland, 1900.

Baby mit Porzellankopf und Mohairhaar. Länge 35 cm. Simon & Halbig, Deutschland, 1880.

Holzmöbel Ende 19. Jh.; Herkunft unbekannt; Musée Forel, Morges.

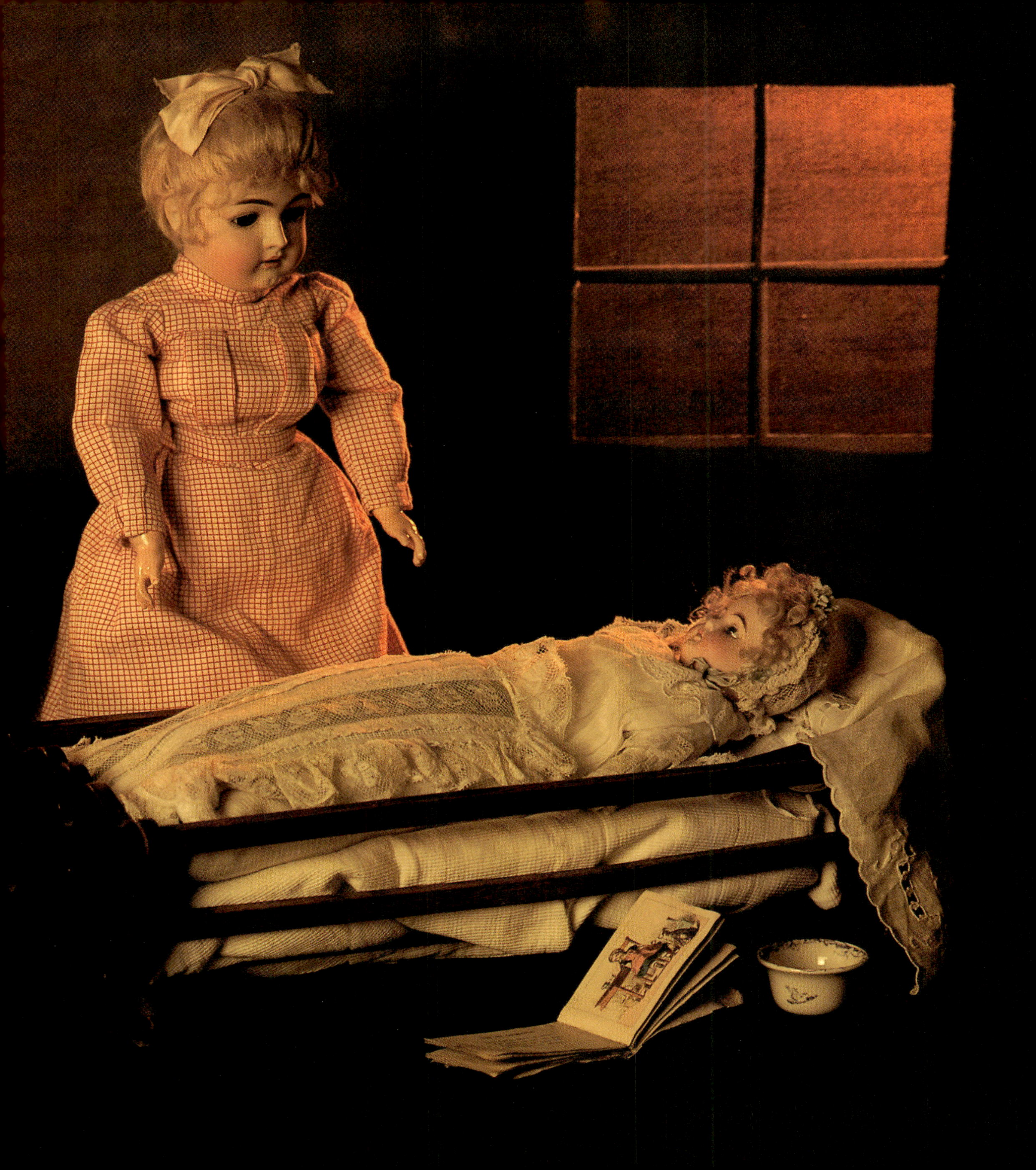

NATUR IN SPIEL UND SPIELZEUG

Mit seinem eher traurigen Gesichtsausdruck, dem weichen Fell
und den langen Armen hat der Teddybär die Herzen der Kinder seit je im Sturm erobert. Und so mancher Erwachsene
hat sich nie von dieser ersten Liebe, diesem ersten Gefährten trennen können.
*Mit Holzstroh gestopfter Plüschstoff, Knopfaugen aus Glas. Steiff, Deutschland, um 1920.
Dieses Modell wurde in verschiedenen Varianten seit Ende des 19. Jahrhunderts vertrieben. Der Original-Teddy-Bear
wurde um 1903 in den Vereinigten Staaten von Morris Mitchom geschaffen. Sammlung F. C. Weber.*

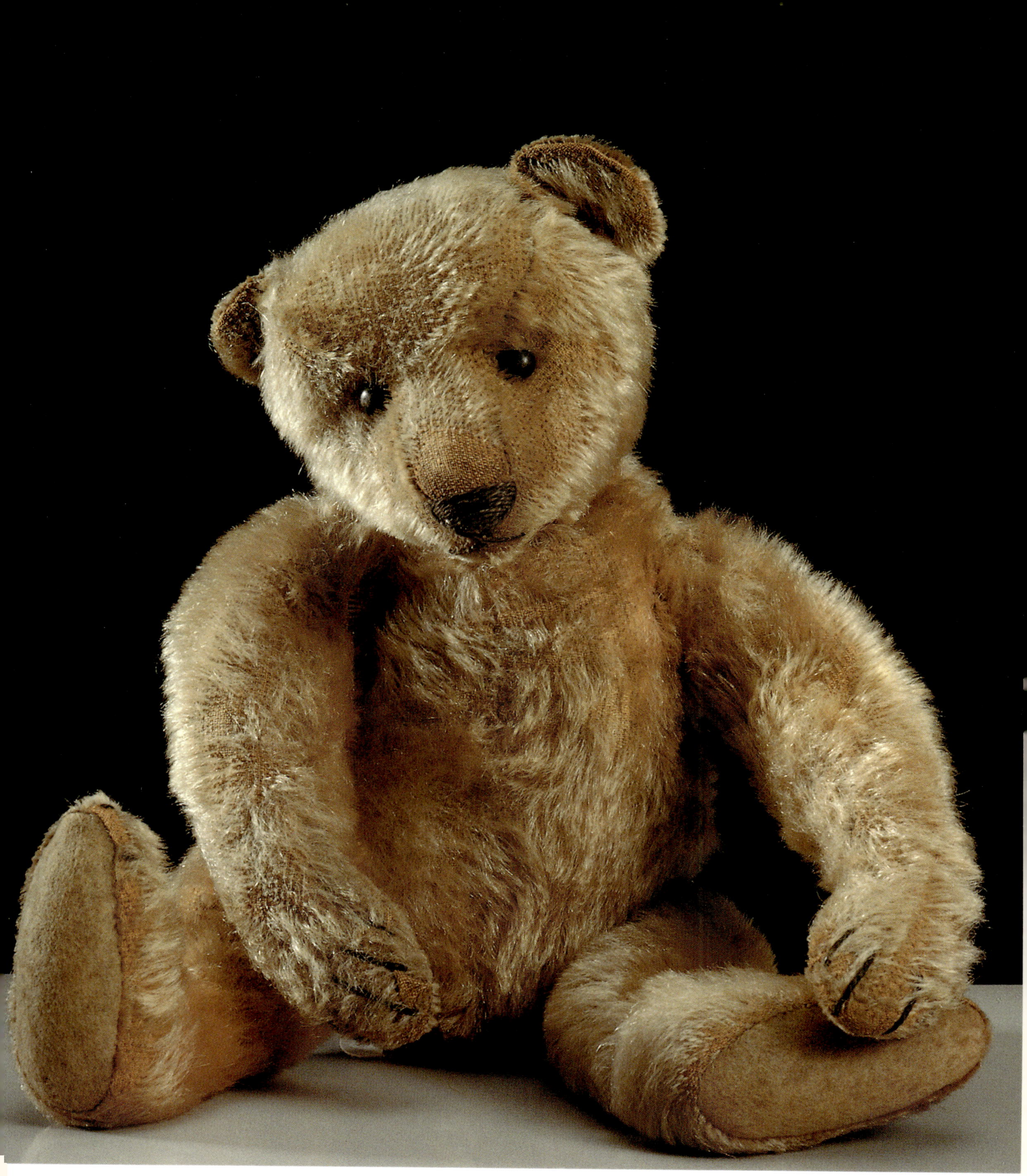

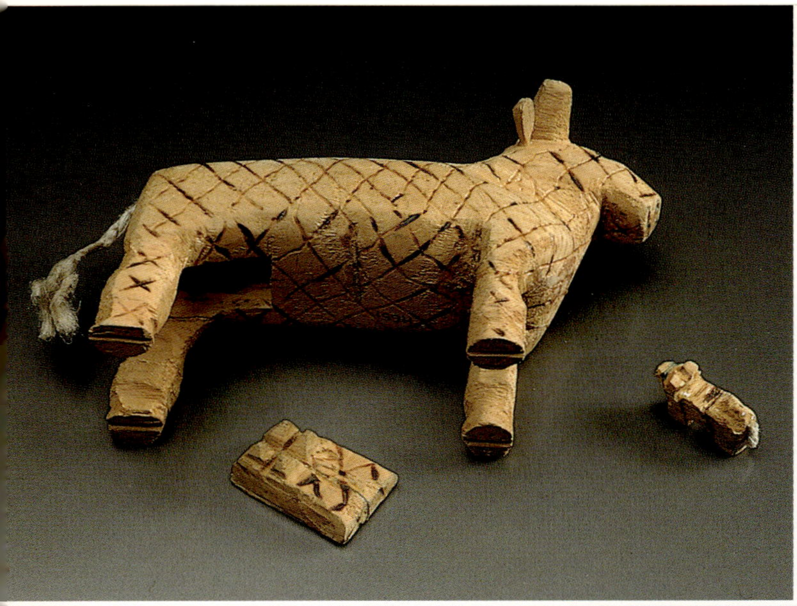
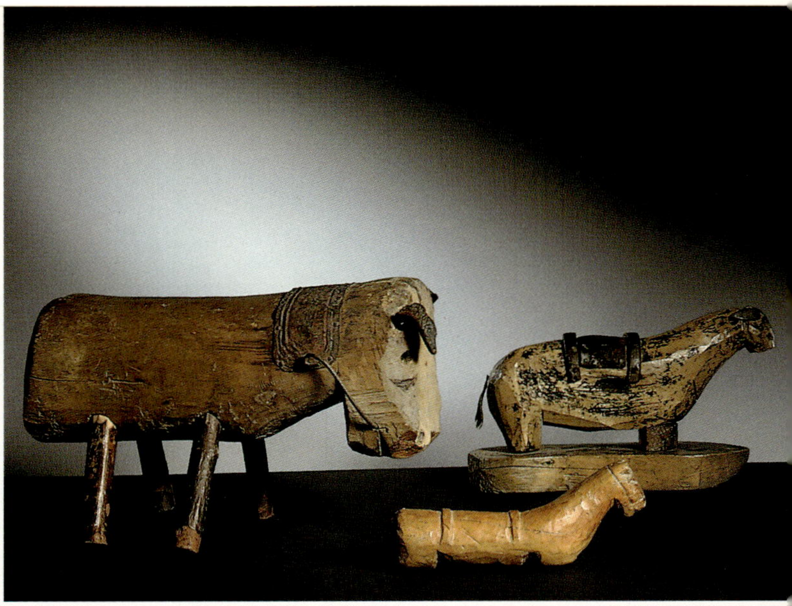
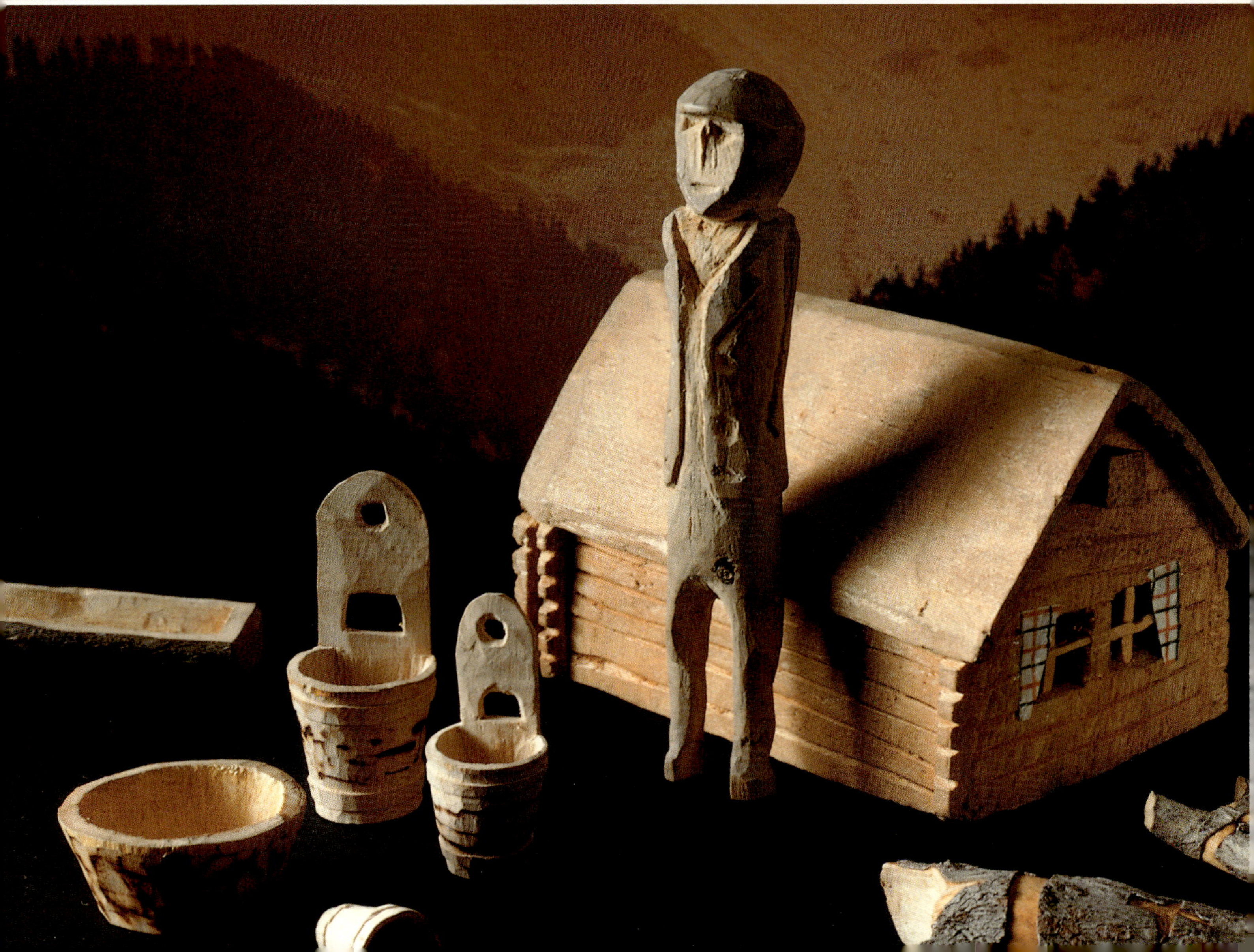

In der Schweiz wird die Tradition bäuerlichen Holzspielzeugs ebenso gepflegt wie in anderen Ländern. Es sind häufig Bauern und Hirten, die diese Spielsachen für ihre Kinder schnitzen und basteln.

Von links nach rechts und oben nach unten:

Kuh, die soeben gekalbt hat, aus Holz geschnitzt: Die Bauchschublade ist noch geöffnet. Reproduktion eines Spielzeugs, das ein dreizehnjähriger Knabe aus Vals, Graubünden, zu Beginn des 20. Jahrhunderts angefertigt hat. Spielzeugmuseum Riehen.

Walliser Holztiere. Das liegende Maultier wurde in Haudères, Val d'Hérens, geschnitzt. Länge 20 cm. Die beiden stehenden Maultiere stammen aus Ayer im Val d'Anniviers. Anfang 20. Jh.; Collection G. Amoudruz, Musée d'ethnographie de Genève.

Ein schönes Beispiel schlichter Volkskunst ist dieser mit dem Messer geschnitzte Ochsenkarren. Länge 25 cm. Oberhalbstein, Graubünden, 1916; Spielzeugmuseum Riehen.

Stilisierte Stierköpfe (oben). Bäuerliches Walliser Spielzeug aus der ersten Hälfte des 20. Jahrhunderts; ähnliche Beispiele sind aus verschiedenen Weltgegenden bekannt. Länge 25 cm; Musée d'ethnographie de Genève.

Kuhherde mit Älplerpaar, Alphütte und Milchgeschirr aus Holz. Länge der Hütte 9 cm. Les Haudères, Wallis, 1955; Musée d'ethnographie de Genève.

Zu Beginn dieses Jahrhunderts bot man den Kindern die Möglichkeit, aus Holzringen, die von Hand gedrechselt worden waren, verschiedene Tiere gleicher Größe zu sägen. Der Baukasten «Der kleine Tierschnitzer» enthielt Ringabschnitte, die – in knapp ein Zentimeter starke Scheiben zersägt – die Grundform von Pferden, Kühen, Ziegen ergaben, welche dann nach Belieben geschnitzt, bemalt und geschmückt werden konnten.

Tierbaukasten. Format 27×21 cm. Seiffen, Deutschland, 1920; Spielzeugmuseum Riehen.

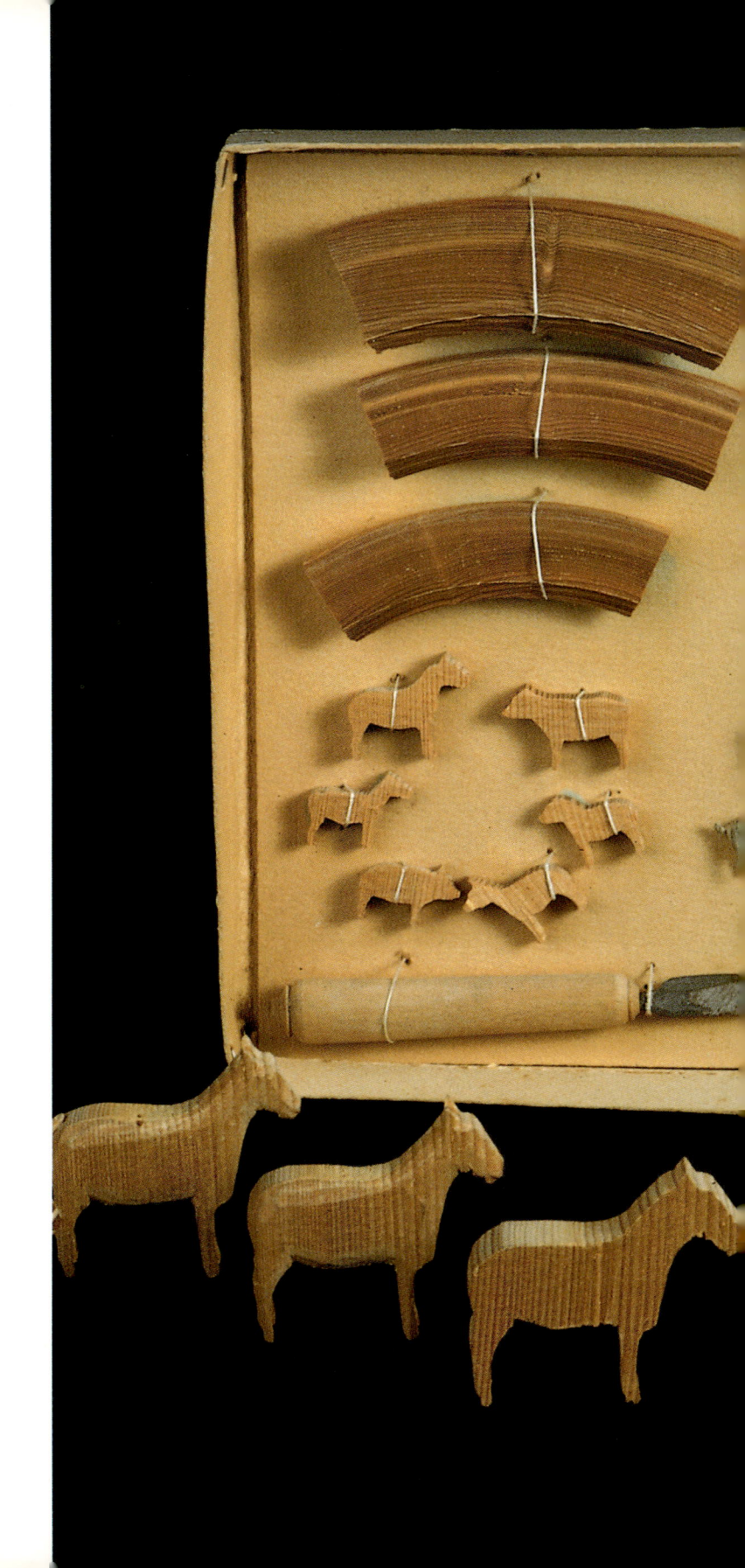

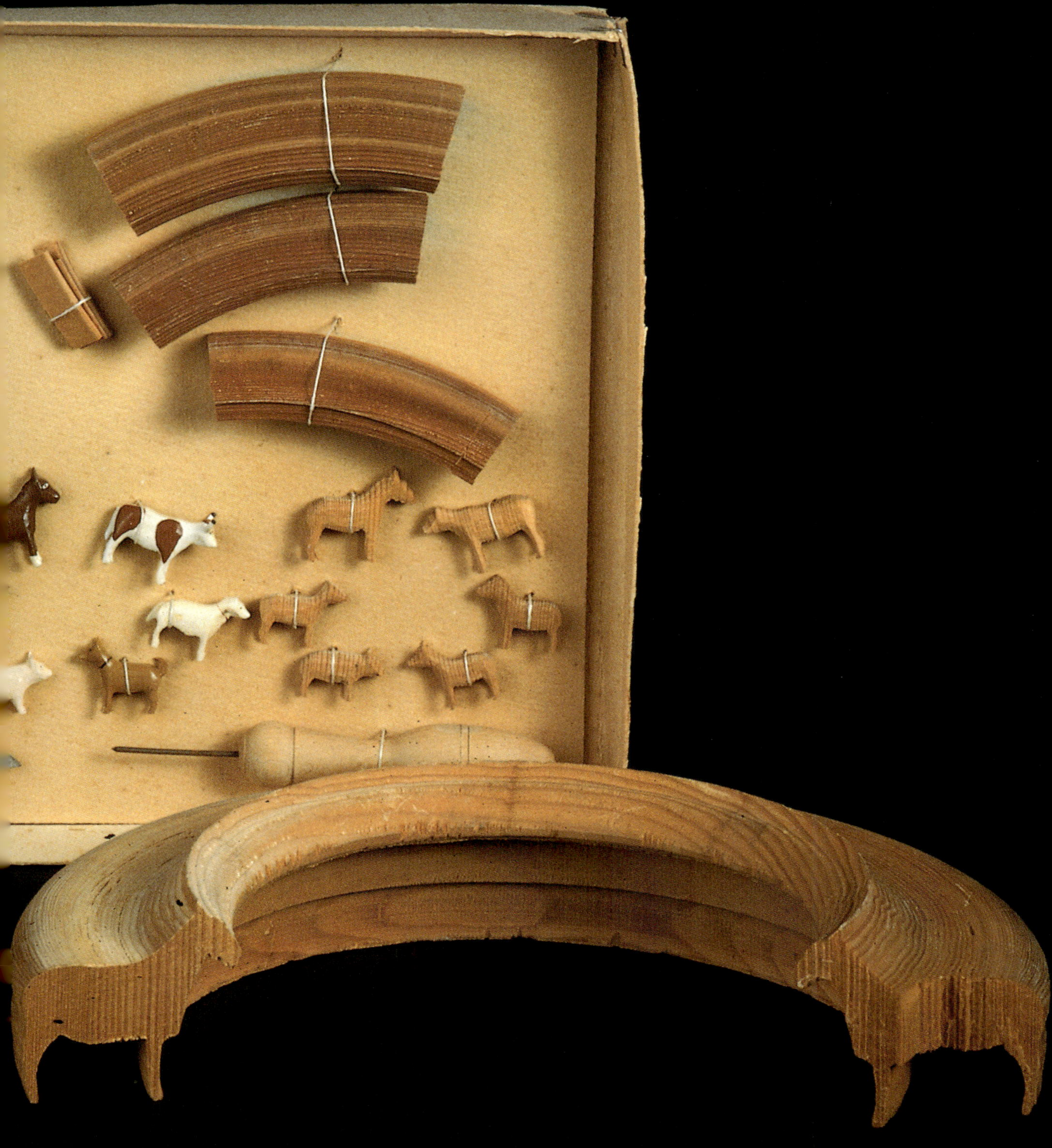

«Allerlei Getier, das bei dir ist, von allerlei Fleisch, an Vögeln, an Vieh und an allerlei Gewürm, das auf Erden kriecht, das gehe heraus mit dir, daß sie sich regen auf Erden und fruchtbar seien und sich mehren auf Erden» (1. Mose 8, 17). So sprach der Herr zu Noah.

Arche mit 53 Tierpaaren aus Holz. Höhe 22 cm. Erzgebirge, Ende 19. Jh.; Spielzeugmuseum Riehen.

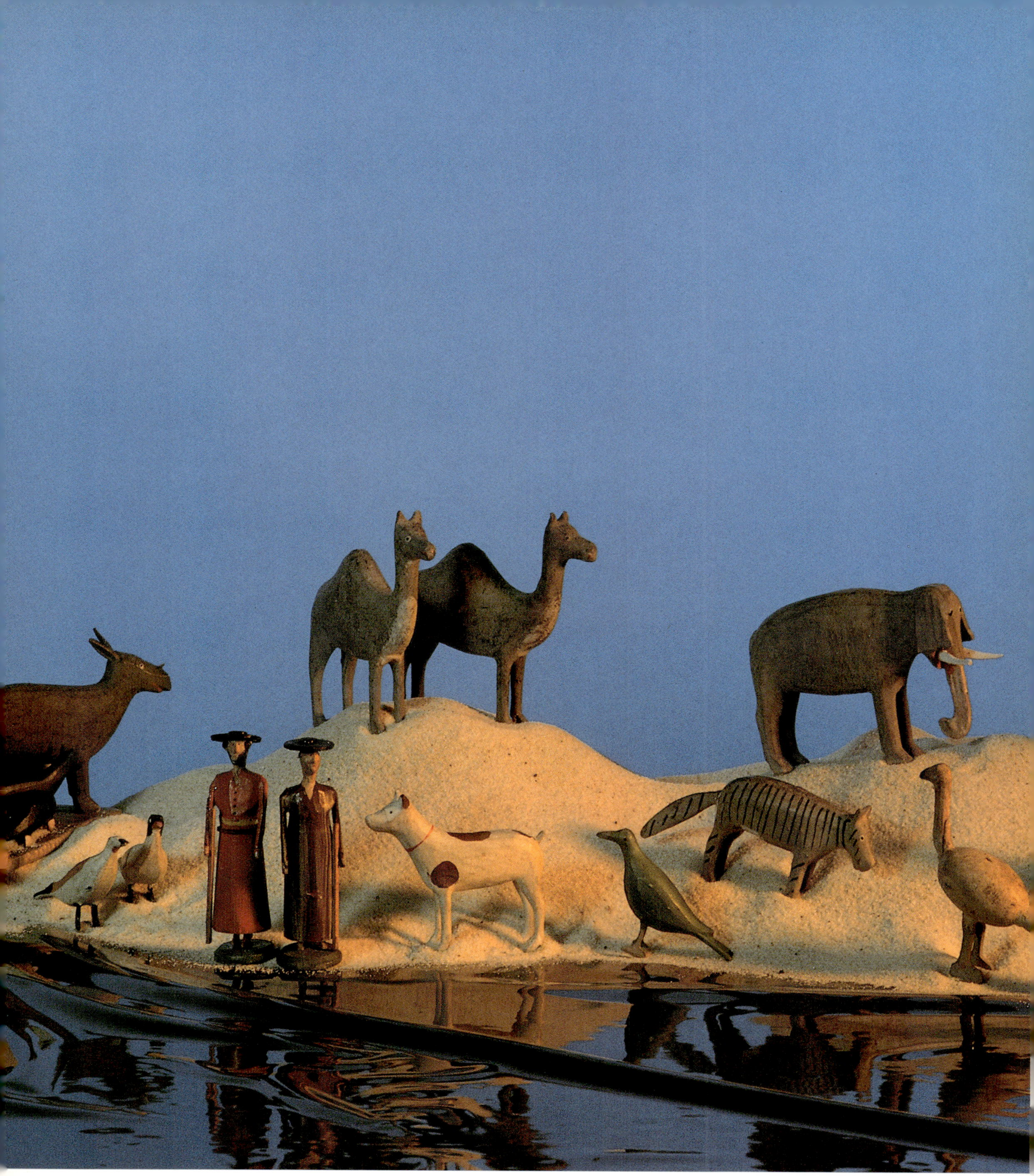

Nach diesem langen Verarbeitungsprozeß sind die Spielsachen aus der Welt der Natur und des Bauernhofs endlich bereit für das Kind!

BÄUME UND BLUMEN

Von seinen ersten Lebenswochen an fühlt sich das Kind von den Sonnenstrahlen angezogen, die durch das Geäst schimmern, aber auch von Blumen, Früchten, Blättern. Allmählich entdeckt es die Vegetation und ihre Veränderungen im Lauf der Jahreszeiten. Das Spielzeug begleitet diese ersten Entdeckungsreisen und hilft ihm, sich mit dem Unbekannten vertraut zu machen.

An Wald und Holz fehlt es in Thüringen bekanntlich nicht, und deshalb hat man hier auch schon früh hölzerne Spielzeugbäume hergestellt. In Nürnberg hingegen sind diese überwiegend aus Zinn gefertigt. Die Bäumchen begleiten Tiere oder historische Persönlichkeiten in den beliebten Schaubildern. Bäume verschiedener Art verleihen dem Dekor mehr Glaubwürdigkeit. Je nach gewünschter Umgebung setzt man Palmen, Pappeln, Eichen oder Tannen und Apfelbäume in das Diorama.

Papier als Material für Spielzeug trat seinen Siegeszug im 18. Jahrhundert an. Die deutschen Stecher stellten eigene, zum Ausschneiden bestimmte Stichfolgen her, mit denen die Kinder alles Erdenkliche zusammenstellen konnten. Berühmt sind die Augsburger Bilderbogen und jene aus dem ostfranzösischen Epinal.

Der Spielzeugbaum, sei er nun extrem stilisiert oder ganz naturalistisch wiedergegeben, steil in den Himmel ragend oder klein und gerundet, wird für das Kind zur spielerischen Naturinszenierung.

Der Wald und seine Geheimnisse wiederum wecken häufig die Angst vor dem Verirren, vor dem Verlassenwerden. Sagt nicht der Vater von Däumling zu seiner Frau, als er von seinen Kindern spricht: «... Ich kann nicht zuschauen, wie sie vor meinen Augen verhungern, darum will ich sie morgen im Wald aussetzen. Das wird einfach sein, denn während sie sich damit die Zeit vertreiben, das Reisig zu sammeln, können wir uns heimlich davonmachen.»

Und andere Märchen wie Schneewittchen oder Hänsel und Gretel spielen in derselben Umgebung. Dennoch wäre es falsch zu glauben, das Kind nehme nur die Angst wahr. Es lernt den Wald auch als etwas Schützendes kennen, gelingt es doch den verirrten oder verlassenen Märchengestalten, darin zu überleben und wieder herauszufinden. Kinder pflücken gern Blumen, bewundern sie und sehen sie in einer neuen Funktion als Schmuck verschiedenster Gegenstände und Spielsachen.

Zu dieser Entdeckung der Natur gehören auch Früchte und Beeren, die ebenfalls als Dekor dienen können. Als Spielzeug findet man sie zusammen mit winzigen Gemüsen in den Auslagen der Krämerläden, in Schüsseln und Körben der Puppenhäuser.

DER «SCRAP»-WAHN

Als Mittelding zwischen Spielzeug und Bildschmuck haben reliefgeprägte, ausgestanzte Farblithografien im 19. Jahrhundert eine Welle der Begeisterung hervorgerufen, die beinahe suchtartige Formen annahm.

Die große Zeit der «Scraps» als Vorläufer der Aufkleber setzte gegen 1830 in England mit den Fabrikanten John Betts und Cole ein. Dazu der Spielzeugkenner Yves Rifaux: «Vorgestanzt und durch eine Nabelschnur aus Glanzpapier liebevoll miteinander verbunden, eine Orgie von Gold und satten Farben aus der verschwenderischen Palette der Lithografen, so kitschig, daß sie geradezu surrealistisch wirken, von einem muffigen schlechten Geschmack, dem nichts als das Schlimmste gut genug ist, aufspringendes, vom herunterfallenden Preßbalken gequältes Papier, mit faserigen Kanten, wo ihnen das Stanzmesser zu Leibe gerückt ist, treue Zeugen einer Epoche, doch universal in ihrer Botschaft, vergessen oder gehütet, vergilbt oder glänzend... die ausgestanzten Farblithografien mit Reliefprägung haben eine ebenso kurze wie wunderbare Geschichte. Sie beginnt wie ein Märchen: ‹Es war einmal ein Drucker, der eine Dampfstanzmaschine kaufte und der, als er es müde war, Quadrate, Rechtecke oder Dreiecke auszuschneiden, Spitzen aus Papier machen wollte...›»

Ursprünglich klebten die Zuckerbäcker diese Farbbildchen auf Lebkuchen oder Hochzeitstorten, ein Brauch, der sich bis heute gehalten hat. Die Kinder tauschten sie untereinander, um eine Sammlung aufzubauen oder der/dem Allerliebsten eine besonders gelungene Zusammenstellung von Motiven zu schenken. Man schmückte aber auch Kartengrüße und Briefe mit solchen aufgeklebten Farbdrucken.

So haben sich die Wunder der Natur allen Launen des Menschen gebeugt, um der kindlichen Spielwelt gerecht zu werden.

Scraps. Farbdruck auf reliefiertem und gestanztem Papier. Länge 20 cm. Coq, Frankreich, Ende 19. Jh.; Musée de l'Art de l'Enfance, Annecy.

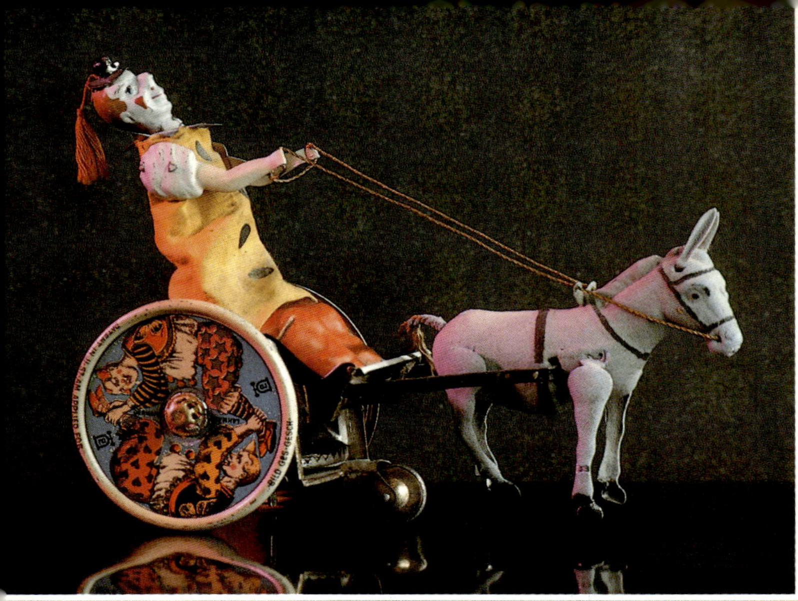

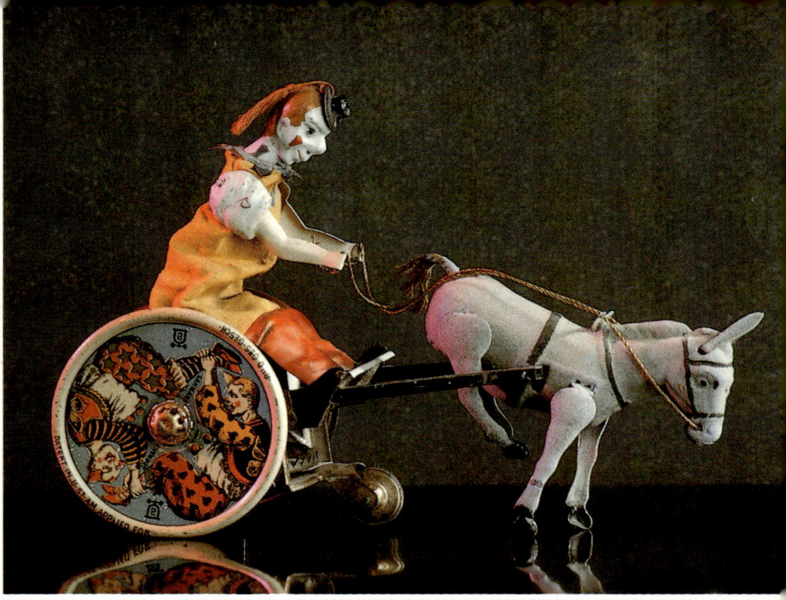

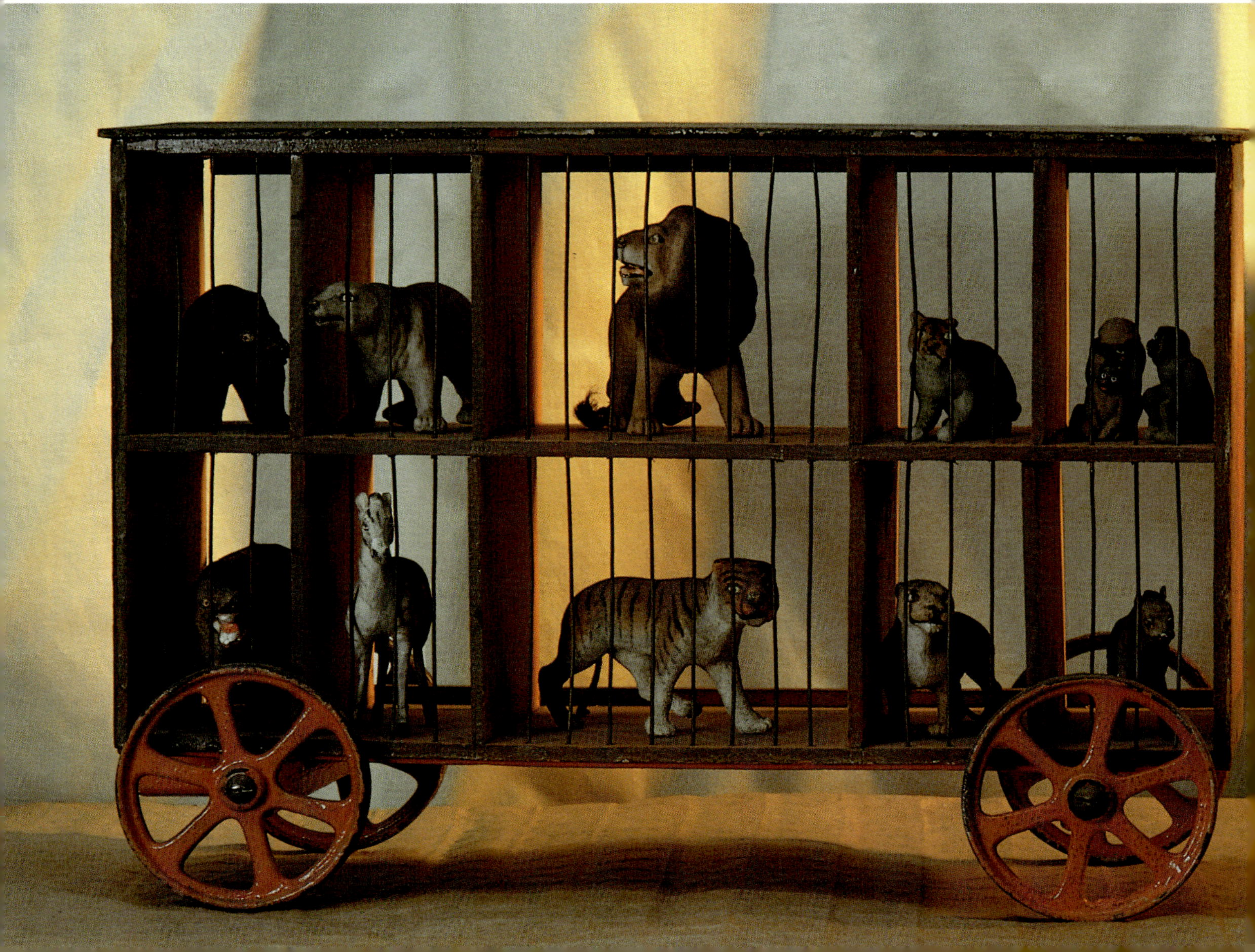

Der Federwerkmechanismus eignet sich besonders gut dafür, Blechtiere und -personen anzutreiben. Der deutsche Fabrikant Lehmann, der auf diesem Gebiet eine führende Stellung zu erobern wußte, überschwemmte ganz Europa und Amerika mit seinen Billigspielsachen.

«Der störrische Esel». Spielzeug zum Aufziehen, eines der bekanntesten Modelle der Marke Lehmann. Bedrucktes Blech und Stoff. Länge 19 cm. Deutschland, 1909; Musée Forel, Morges.

Der Zirkus und die Menagerie mit ihrem Zauber und ihren beeindruckenden, ja angsteinflößenden Tieren lieferten unzählige Anregungen für Spielsachen verschiedenster Art. Gegen 1880 boten die Fabrikanten eine breite Palette von exotischen Tieren an.

Tiere im Menageriewagen. Höhe 32 cm. Papiermaché. Marke und Herkunft unbekannt, um 1900; Spielzeugmuseum Riehen.

Folgende Doppelseite:

Auf dem Höhepunkt der Kolonialzeit schlug sich die Faszination ferner Länder auf dem Alten Kontinent auch in Form von Spielsachen und Arrangements nieder, die nicht zuletzt kulturgeschichtliche Zeugnisse ersten Ranges sind.

Hochrelief-Bleifiguren. Höhe 12–15 cm. Dresdner Spielfiguren, Georg Heyde & Co., Deutschland, 1900; Spielzeugmuseum Riehen.

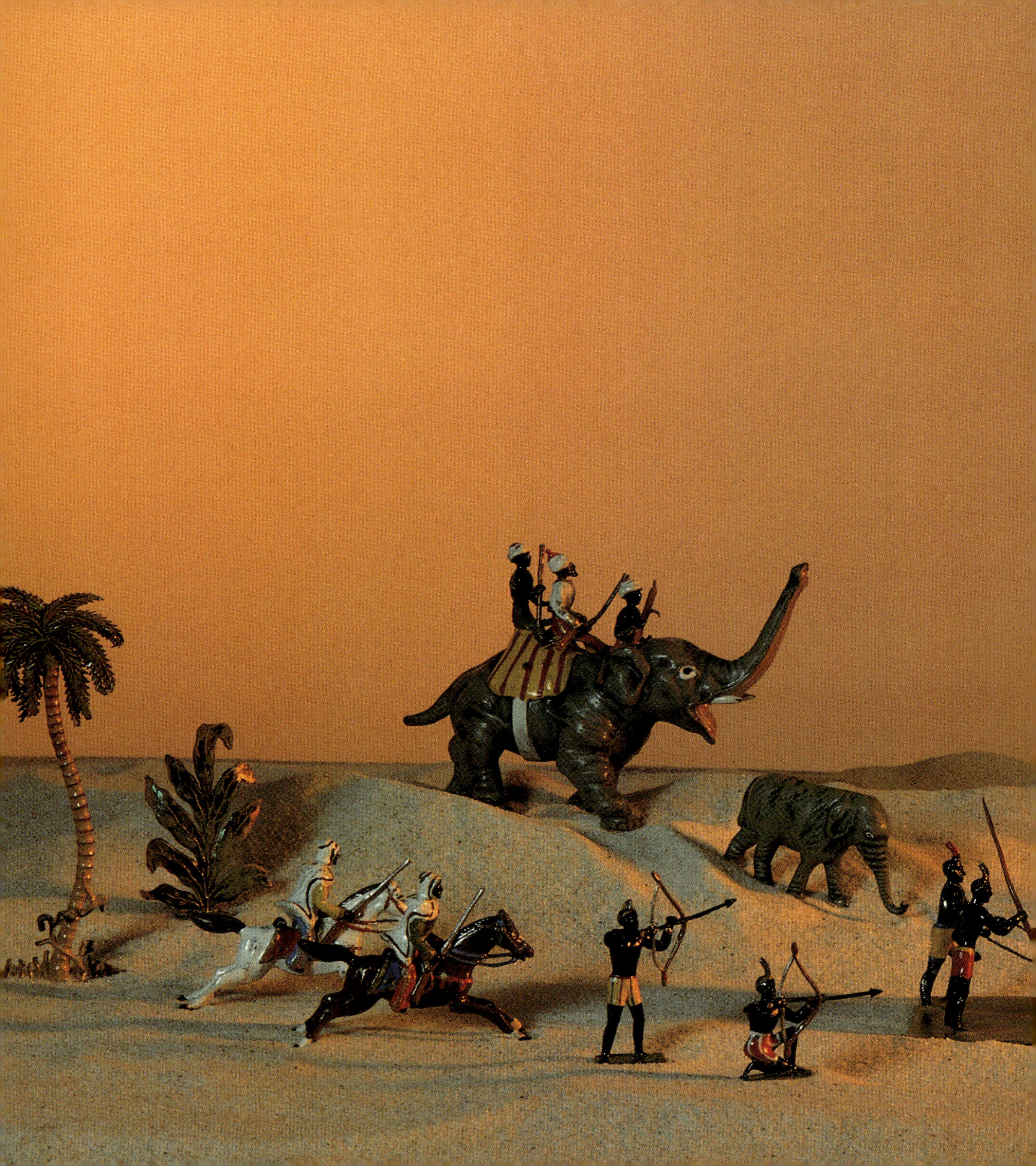

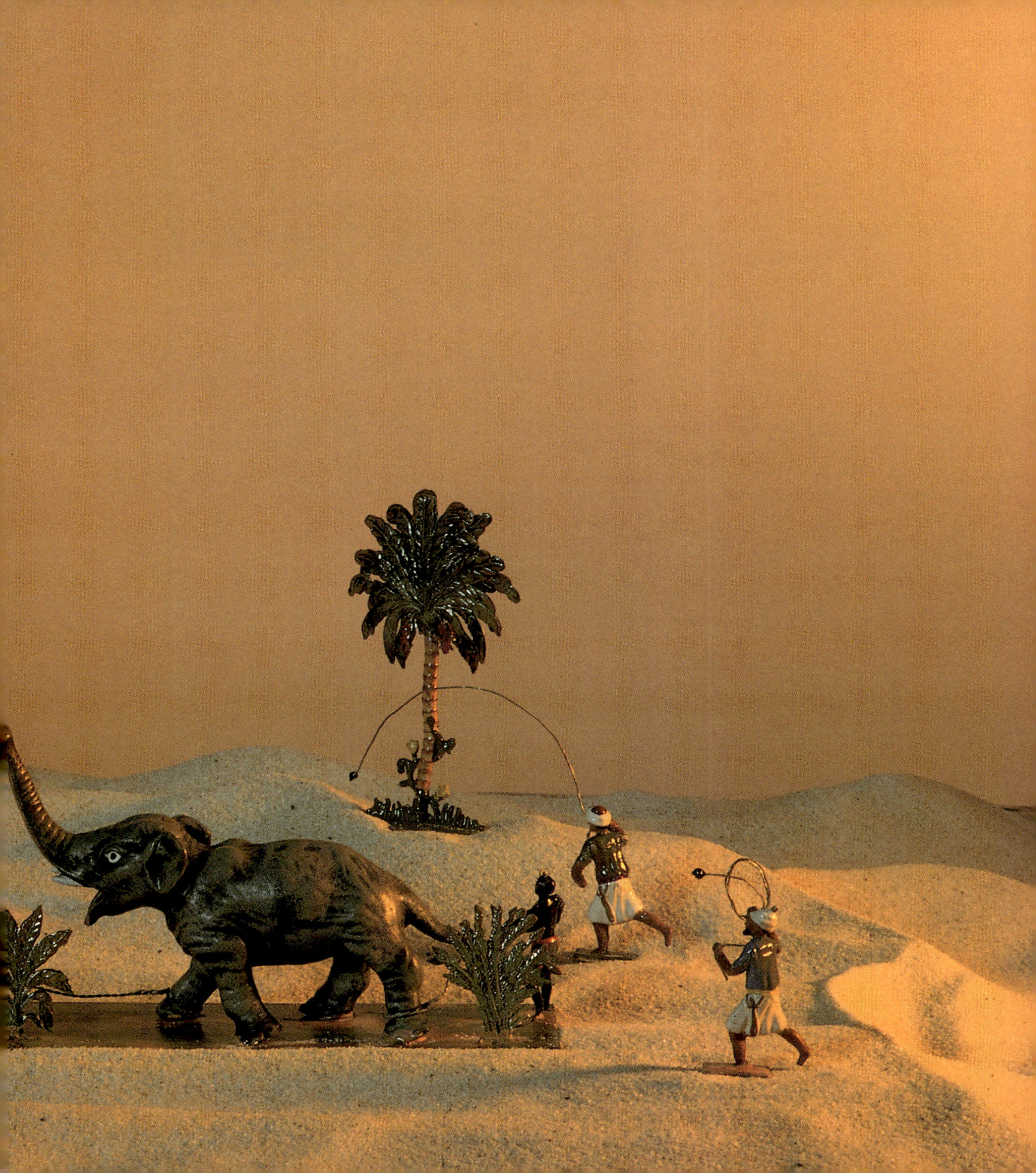

3
VOM TRANSPORT ZUR REISE

In den dreißiger Jahren sind große Serien von Motorradfahrern mit und ohne Seitenwagen produziert worden. Dabei handelt es sich häufig um ein Grundmodell, das durch andere Bedruckung und zusätzliche Einzelheiten abgewandelt wurde.

Seitenwagenfahrer mit Federwerkantrieb. Länge 13 cm. Tipp & Co., Deutschland, um 1930; Kindermuseum Baden.

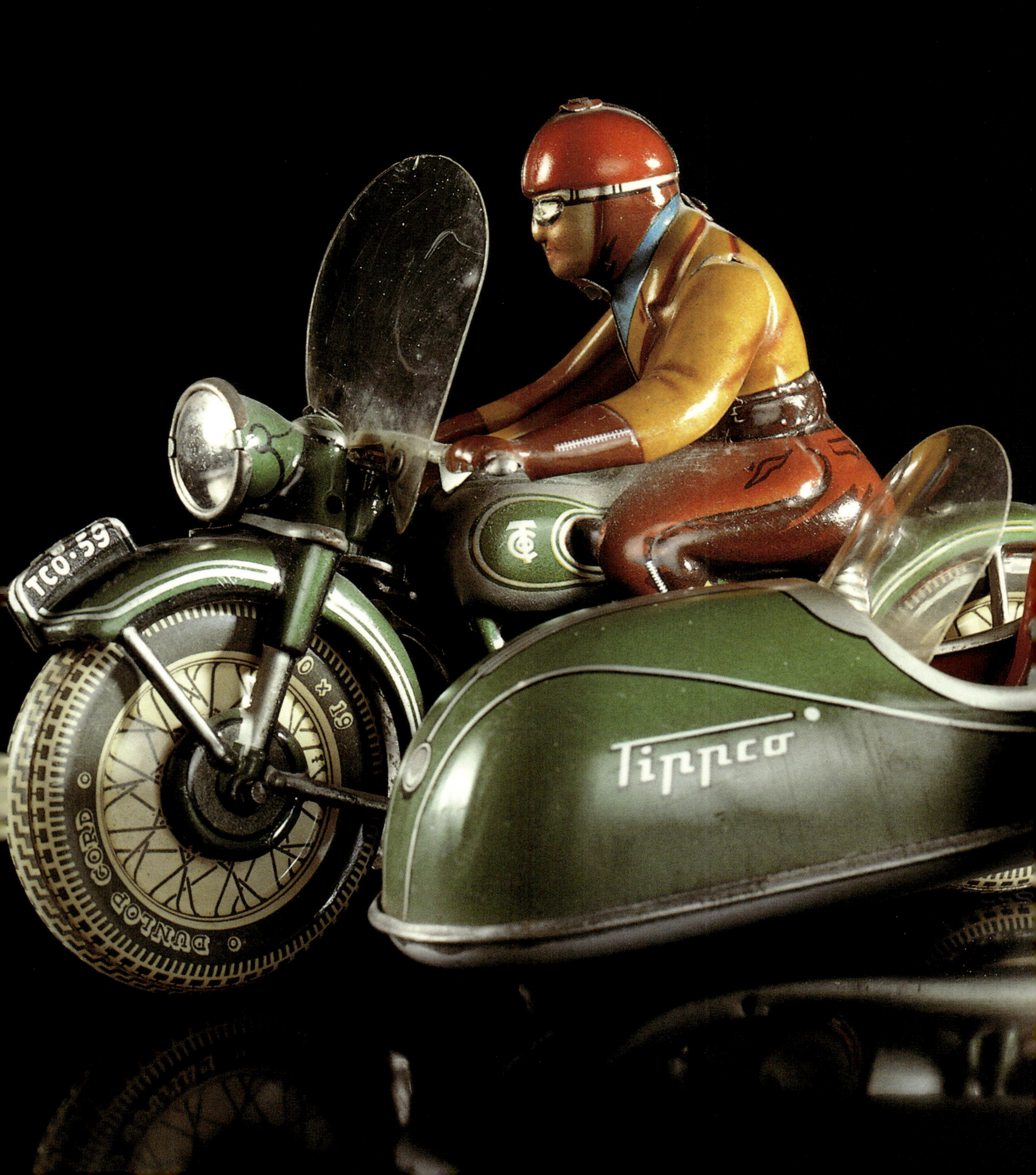
TCO·59
Tippco
DUNLOP
CORD

Erste wirkliche Ausflüge innerhalb der Grenzen des Betts, des Laufgitters, des Zimmers und der Wohnung; imaginäre Fahrten in andere Länder, zu Planeten und Sternen, zu Land, zu Wasser und in der Luft: Sobald das Kind krabbeln kann, macht es sich auf, die Welt zu entdecken, und bereitet sich so auf die Selbständigkeit, aufs Reisen vor.

Schon im ersten Lebensjahr merkt das Kind, daß es «Mittel» benützen kann, um Gegenstände zu verschieben oder an sich zu ziehen, wenn sie zu weit weg sind, zum Beispiel nur schon durch Zerren an der Bettdecke. Später wird es mit einem Stecken oder einem andern geeigneten Hilfsmittel nach Dingen angeln, die es erreichen möchte. Es erweitert seinen Aktionsradius, vergrößert den gemeisterten Raum, versteht sich gewissermaßen zu «verlängern», um Dinge zu verschieben, die es in Griffnähe haben möchte. Beherzt versucht es, schwere oder sperrige Gegenstände verschiedenster Art aufzuheben und zu tragen: Steine, Scheiter, Schachteln… Bald einmal wird es entdecken, daß sich solche Lasten mit einem Gefährt viel leichter fortbewegen lassen.

VON SCHUBKARREN UND RIKSCHAS

Meist schon bevor es richtig laufen kann, schiebt und zieht das Kind sein erstes Wägelchen herum, das mit all seinen Schätzen beladen ist: Puppen, Spieltieren… oder beispielsweise schönen runden und glatten, aber schweren Kieselsteinen. Die Räder drehen sich, das Gefährt rollt, man braucht es nur noch zu lenken und bergab zu bremsen. Wird die Fahrt zu schnell und stürzt die Fuhre, gibt's Tränen oder Gelächter, doch das Gefährt wird jedesmal unverdrossen flottgemacht, bis das Ziel erreicht ist. Der Schubkarren ist in einzigartiger Weise geeignet, um Sand oder Erde zu transportieren und Maurer oder Gärtner zu spielen.

Das Thema des Transports einer Person durch eine andere hat die Spielzeugfabrikanten häufig angeregt. Im Jahr 1900 hat Fernand Martin die rechts oben abgebildete Spielzeug-Rikscha in formgepreßtem bemaltem Blech und mit Reibungsradmechanismus entwickelt. Ihre lebensgroßen Vorbilder im damals französischen Indochina wirkten offenbar auf die Europäer hinreichend exotisch, um sie als Spielzeug nachzubauen. Der deutsche Hersteller Lehmann hat ein ähnliches Thema aufgegriffen: Ein chinesischer Würdenträger wird von zwei Dienern in der Sänfte getragen. Wortspielerisch taufte Lehmann das für die Kolonialzeit typische Spielzeug «Man da rin». Überhaupt wußte Lehmann seinen Kreationen überaus anschauliche Namen zu geben: ›Tut Tut‹ für ein Auto, ›Aha Aha‹ für einen Lastwagen, ›Halloh‹ für ein Velo usw.

Von Pferden oder andern Tieren gezogene Karren sind bei den Kindern auch heute noch sehr beliebt. Solche Gespanne entstanden in

Der französische Spielzeugkonstrukteur Fernand Martin hat für seine mechanischen Spielsachen auch Szenen und Figuren aus dem Alltag Indochinas als Vorlage benutzt; ihr Erfolg war beträchtlich.

Rikscha aus bemaltem Blech mit Friktionsantrieb. Höhe 13,5 cm. Frankreich, 1900; Sammlung F. C. Weber.

Pferdekarren aus handbemaltem Blech. Länge 30 cm. Frankreich, Ende 19. Jh.; Musée Forel, Morges.

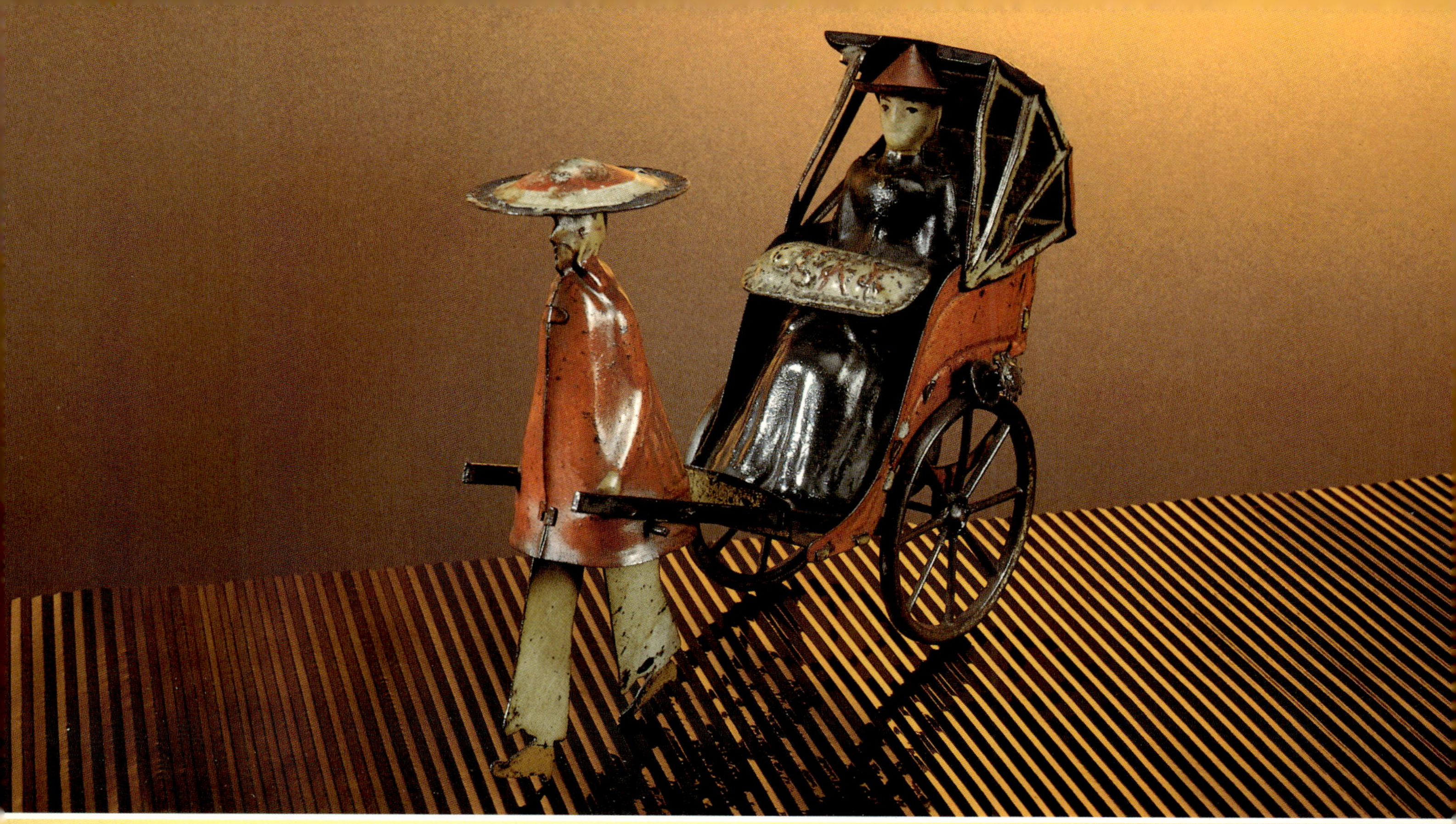

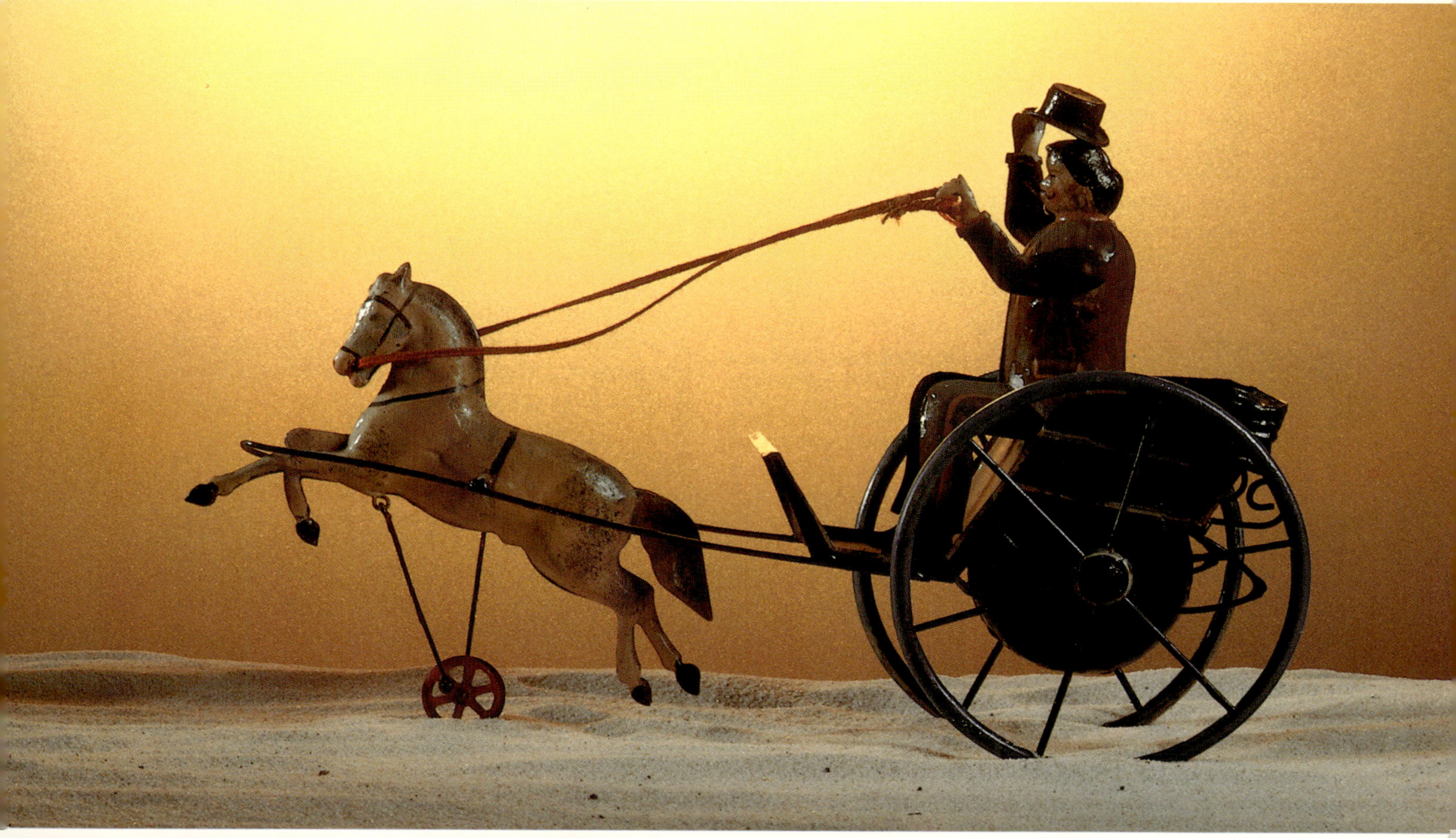

In der Geschichte des französischen Spielzeugautos spielten die nachgerade legendären Wagen von Citroën eine besondere Rolle. 1923 schlug der Pariser Spielzeugfabrikant Fernand Migault dem Autokonstrukteur André Citroën den Bau von möglichst originalgetreuen Miniaturmodellen seiner Automobile vor. Citroën nahm die Idee begeistert auf, wie ein Schreiben an die Konzessionsgaragen bezeugt: «Das Kind ist der Kunde von morgen. Man muß dafür sorgen, daß die ersten drei Worte, die es lernt, Mama, Papa... und Citroën sind!» Deshalb ließ er als Werbemittel Spielzeugautos herstellen, die über eine richtige Lenkung verfügten und äußerlich mit dem Original völlig übereinstimmten.

Daneben verkaufte er Baukästen, damit sich das Kind und seine Eltern beim Zusammenbau des Spielzeugautos mit dem Citroën-Konzept vertraut machen konnten.

Abgesehen vom Werbeeffekt war allein schon der Erfolg der Citroën-Spielzeugautos gewaltig: Zu Beginn der dreißiger Jahre wurden jährlich rund fünfhunderttausend Personen-, Last- und Lieferwagenmodelle von Citroën gebaut. Verkauft wurden sie von 1928 an unter der Marke C.I.J.

Im Dezember 1933 nahm die Spielzeugfabrik Hornby, die das bekannte Baukastensystem Meccano entwickelt hatte, die Herstellung einer Spielzeugauto-Serie im Maßstab 1:43 auf. Es sind die Dinky Toys, die in der Größe zur Hornby-Spielzeugeisenbahn passen. Die ersten dieser verblüffend originalgetreuen Miniaturautos wurden aus Blei gefertigt, dann stellte man auf die Legierung Zamak um. Dinky Toys sind heute weltweit bekannt.

Die Automobilgeschichte ist immer wieder durch einzelne Modelle und Marken geprägt worden, vor allem durch erfolgreiche Rennwagen. Die berühmten Autorennen beschleunigten den technischen Fortschritt in der Automobilkonstruktion und erhöhten den Absatz der Straßenversionen siegreicher Marken. Die Spielzeugfabrikanten beeilten sich ebenfalls, das Prestige solcher Siegermodelle umzumünzen, denn je berühmter das Original war, desto sicherer und besser ließ sich die Spielzeugversion absetzen.

Mit solchen Miniaturrennautos kann das Kind sich in die Atmosphäre von Grand-Prix-Rennen versetzen, sich selbst als Formel-1-Fahrer fühlen und seine Autos in der Phantasie mit noch stärkeren Motoren und noch höheren Spitzengeschwindigkeiten ausstatten.

Doch die Gefahr fährt mit! Das «Auto-catastrophe» (von der Firma Carette bereits 1910 angeboten!) wird während des Rennens in zwei Teile gesprengt, ausgelöst durch einen Sprungfedermechanismus. Selbst in vielfacher Wiederholung vermag dieses Geschehen das Kind immer von neuem zu überraschen. Wirkt es gar verkehrserzieherisch oder aggressionsabbauend? Fest steht, daß es viel Spaß bereitet.

Doch auch weniger «gefährliche» Autos wurden in hoher Auflage als Spielsachen reproduziert: die Taxameter.

Das Laschensystem sichert die rasche und dauerhafte Verbindung formgepreßter Blechteile, wie bei diesem «Taxi de la Marne».

Taxi Charles Rossignol (CR), Frankreich, 1912; Collection Giansanti Coluzzi.

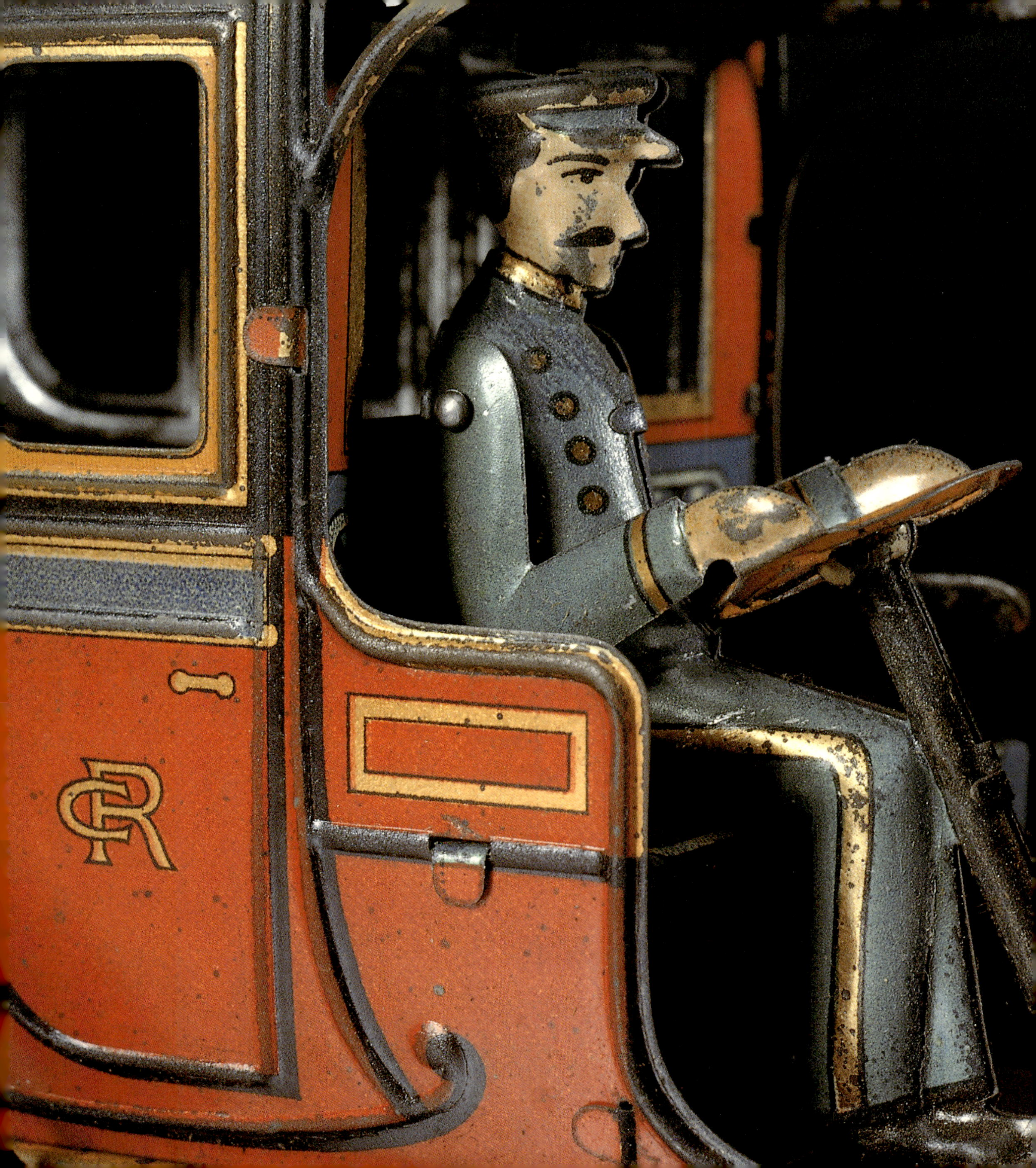

HALLO, TAXI!

Spielzeugtaxis sind meist mit sämtlichen Kennzeichen ausgestattet, die sie auch im dichten Verkehr als öffentliches Transportmittel ausweisen. Gesteuert werden sie häufig von blechernen, uniformierten Chauffeuren, die unter ihrer charakteristischen Schirmmütze konzentriert und würdig nach vorn blicken, offensichtlich ihrer großen Verantwortung bewußt. Bei Ausbruch des Ersten Weltkriegs machten die Pariser Taxis und Taxichauffeure Schlagzeilen: Als «Taxis de la Marne» schafften siebenhundert dieser hochrädrigen Vehikel in aller Eile dreitausend französische Soldaten an die Front. Die auf Seite 69 abgebildete Miniaturausgabe eines solchen Taxis stammt von Charles Rossignol. Sein Markenzeichen «CR» steht als Schmuckelement auf der Tür (es findet sich bei diesem Fabrikanten häufig an prominenter Stelle). Das Modell ist mit einem Uhrfederwerkmechanismus ausgestattet und handbemalt.

Auch andere öffentliche Verkehrsmittel wurden in der damaligen Zeit, als Privatautos noch eine Seltenheit waren, häufig als Spielzeug hergestellt.

SCHWERGEWICHTE

Unser Chronist der Jahrhundertwende, Léo Claretie, hat sich auch bei den Fabrikanten von Miniaturfahrzeugen umgeschaut: «Hier liegen flach ausgewalzte Straßenbahnen bereit, ihren Dienst aufzunehmen. Sie sind schon in den Farben der städtischen Verkehrsmittel, mit den Dienstaufschriften und Destinationen, bemalt, besser gesagt bedruckt. Einmal unter das Stanzmesser, und dann sind die Fenster geöffnet, die Schlitze und Laschen bereit. Man braucht diese Aufbauten nur noch zurechtzufalzen, Dach und Fußboden zu befestigen, und die Straßenbahn kann die erste Fahrt zu ihrem kleinen Publikum antreten.»

Der berühmte, zweistöckige Imperial-Bus wiederum verkehrt bereits in den großen europäischen Städten, in London, Paris, Berlin. Sowohl Lehmann wie Carette und Bing bauen Spielzeugversionen solcher Omnibusse aus den Anfängen unseres Jahrhunderts, bei denen die Passagiere des oberen Decks unter freiem Himmel durch die Stadt kutschiert werden. Die Bus-Seitenflächen zeigen zeitgenössische Werbung; deshalb werden für die verschiedenen Länder unterschiedliche Versionen angefertigt beziehungsweise gedruckt. Auch diese Modelle sind mit einem Aufziehmechanismus mit Schlüssel und Feder ausgestattet.

Noch mehr als der Bus weckt der Lastwagen bei Kindern, vor allem bei Buben, den Wunsch, Chauffeur zu werden. Wer hätte nicht schon davon geträumt, am Steuer eines mächtigen Baulastwagens oder gar eines Fernlasters zu sitzen?

In seiner Kabine ist der Chauffeur sein eigener Herr und Meister, sozusagen ein «Deus in machina» des Industriezeitalters. Und er kann auf seiner Ladebrücke beispielsweise schwere Straßenwalzen transportieren, die neue und noch breitere Straßen für den stetig wachsenden Verkehr planen. Manche dieser Spielzeugwalzen sind mit einem Dampfmaschinenantrieb ausgestattet, um ihren Dienst als «Elefanten der Baustelle» zu versehen. Als Kipplaster mit immer ausgereifteren Hebe- und Kippmechanismen für die Ladebrücke, die sich durch Schaufelbagger aller Art beladen läßt, wird der Lastwagen zur Quelle unerschöpflichen Vergnügens. Unter den Spielzeugbaumaschinen der Frühzeit findet man auch Kräne, mit denen sich Wolkenkratzer, diese Kathedralen der Moderne, aufstellen lassen.

AUFFÜLLEN, BITTE!

Wenn es draußen regnet, sucht das Kind sein Auto auch im Zimmer unter einem Unterstand zu parken. Wenn der Wagen kaputt ist, bringt es ihn in die Garage. Das gehört zum Spiel, zur Wiedergabe der Wirklichkeit. Und damit der Automechaniker Zugang zum immer komplizierteren Innenleben des Autos hat, fährt er es auf die Hebebühne. All dies findet sich schon früh als Spielzeug wieder.

Bereits 1914 bieten Spielzeugläden vollständig ausgerüstete Tankstellen an, mit Zapfsäulen, Ölfässern, Werkzeug, Reklame- und andern Inschriften. Gelegentlich ist die Schachtel, in der das Spielzeugauto verkauft wird, gleich als Tankstelle bedruckt: Der Tankwart steht im Overall und mit dem Zapfhahn bereit, um die vorfahrenden Limousinen mit Benzin zu versorgen.

Die meisten Tankstellen und Garagen allerdings bestehen aus Blech. Später macht es der Einsatz von Kunststoffen möglich, solche Anlagen und ihr Zubehör im Formgußverfahren herzustellen und die Preise zu senken.

Doch so manches Kind hat auch schon allein oder mit Hilfe der Eltern aus Karton oder Holz eine Tankstelle oder Garage gebastelt und lustig bemalt, die ihm vielleicht viel lieber war als jede noch so detailgetreu vorfabrizierte Anlage.

SCHIFFCHEN FAHREN AUF DEM SEE

Während der Sprung vom durch Muskelkraft gezogenen Gefährt zum Selbstfahrzeug relativ spät erfolgte, hat der Mensch schon vor Jahrtausenden gelernt, sich vom Wind über die Wogen befördern zu lassen, statt mühevoll zu rudern.

Wohl jedes Kind hat einmal mit Hölzchen oder andern Dingen Schiffchen gespielt. Ob nun auf der nächsten Pfütze, im Bächlein, Brunnenbecken oder am Ufer eines Sees, es kann sich oft stundenlang mit solchen Ersatzbooten vergnügen.

Wenn das Kind sein Schiffchen aufs Wasser setzt, kann es sich in der Phantasie an Bord einer Fischerbarke oder als Kapitän eines Dreimasters

Lastwagen aus bemaltem Blech.
Länge 35 cm.
Citroën, Frankreich, 1930;
Collection Giansanti Colluzi.

CHOCOLAT MENIER
BOITES DE PETITES TABLETTES
CHOCOLAT MENIER
CHOCOLAT MENIER
CHOCOLAT MENIER

LÉVITAN
N°47
Éts LÉVITAN
63 Bd MAGENTA 63 - PARIS
"Un meuble signé Lévitan...
...est garanti pour longtemps."
MAISONS à LILLE ROUEN MARSEILLE

3
BALLOON-TYRES
775 X 145

Das Spielzeugauto war schon früh ein Werbemittel, wie André Citroëns Ausspruch von 1923 bezeugt: «Das Kind ist der Kunde von morgen. Man muß dafür sorgen, daß die ersten drei Worte, die es lernt, Mama, Papa… und Citroën sind!» Aber auch die ersten Automobilrennen haben die Phantasie zahlreicher Spielzeugfabrikanten angeregt.

Von links nach rechts und oben nach unten:

Miniaturausgabe des legendären «Traction avant» von Citroën. Länge 38 cm. Frankreich, 1934. Morris-Litfaßsäule als Menier-Schokolade-Spender. Frankreich, 1910; Collection Giansanti Coluzzi.

Latil-Lastwagen mit Türen, die sich öffnen lassen. Länge 70 cm. Rossignol, Frankreich, 1930; Collection Giansanti Coluzzi.

Renault 40 PS. Spielzeugprototyp, der nicht in Serie ging. Mechanischer Motor, Scheinwerfer batteriebetrieben. Jouets de Paris (J de P), Frankreich, 1924; Collection Giansanti Coluzzi.

Modell eines Rennwagens, den Louis Renault bei einem Paris–Madrid-Rennen steuerte. Länge 40 cm. Le Jouet Français, 1900; Collection Giansanti Coluzzi.

Rennauto mit Uhrfederwerkantrieb. Länge 32 cm. Distler, Deutschland, 1930. Mechanischer Dandy auf Rollen, die exzentrisch angeordnet sind, so daß er Schrittbewegungen auszuführen scheint. Federwerkantrieb. Höhe 23 cm. Lehmann, Deutschland, 1910; Sammlung F. C. Weber.

AUTORIMESSA TOPOLINO
M.L. B.
M.L. B.

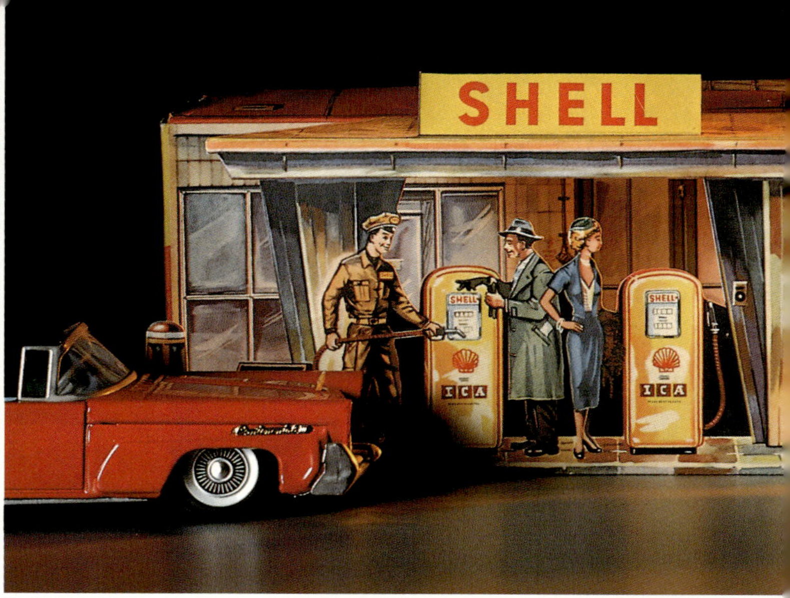
SHELL
SHELL
ICA
SHELL
ICA

TANKSTE
RAUCHEN
VERBOTEN!
KASSE
SHELL

Bieten die Spielzeugfabrikanten bunte Tankstellen, Garagen und anderes Zubehör einfach zur Unterhaltung des Kindes an, oder soll es zum künftigen Automobilisten erzogen werden?

Von links nach rechts und oben nach unten:

Garage aus Holz und Papier. Höhe 20 cm. Autos aus lithografiertem Weißblech. M. I. B., Italien, 1950; Collection Giansanti Coluzzi.

Tankstelle. Schachtel aus bedrucktem Karton. Gama, Deutschland, 1950. Lincoln-Spielzeugauto japanischer Fabrikation, 1950; Collection Giansanti Coluzzi.

Tankstelle aus Blech mit Zubehör. Kibri, Deutschland, 1950. Ford Mustang aus formgepreßtem Blech. Länge 25 cm. Japan, 1950; Collection Giansanti Coluzzi.

Tankstelle Märklin, Deutschland. Taxi aus handbemaltem Blech von Jouets de Paris, Frankreich, 1914; Collection Giansanti Coluzzi.

75

SERVICE DE LIVRAISON

METROPOLITAIN
TRAMWAYS
C.R
ÉLECTRIQUES
N° 260

Immer mehr Menschen und Waren immer schneller und weiter zu transportieren… zwei Forderungen, die die öffentlichen Verkehrsmittel und ihr Abbild im Spielzeug entstehen ließen.

Von links nach rechts und oben nach unten:

Citroën-Lieferwagen Modell B 2 mit Federwerkantrieb. Frankreich, 1921; Collection Giansanti Coluzzi.

»Faßwagen« aus handbemaltem Blech mit Federwerkantrieb. Günthermann, Deutschland, 1905; Collection Giansanti Coluzzi.

Straßenbahnen von Charles Rossignol, Frankreich, 1900 und 1920. Metro-Ausgang P. Treyvaud, Schweiz, 1980 (?); Collection Giansanti Coluzzi. Passanten von C. B. G., Frankreich. Kiosk von Bing, Deutschland, 1900; Collection Giansanti Coluzzi.

Imperial-Bus. Handbemaltes Blech, Länge 25 cm. Bing, Deutschland, 1910; Collection Giansanti Coluzzi.

auf hoher See fühlen. Die Spielmöglichkeiten, vom simplen Segeltörn bis zur Seeschlacht mit Rammen und Entern, sind beinahe unbeschränkt. Das Segelschiff eignet sich dafür bestens. Das Kind braucht all sein Geschick, um die Segel richtig zu setzen, mit dem Steuerruder den Kurs zu bestimmen und sein Boot vom besten Punkt aus auf die Reise zu schicken, damit es als erstes das Ziel erreiche.

Die Herstellung eines Segelschiffes erfordert einiges Können. Der Rumpf besteht entweder aus einem ausgehöhlten Holzstück (wie bei einem Einbaum) oder aus einer wirklichkeitsgetreuen Konstruktion mit Latten als Planken-Außenhaut auf einem Rumpfskelett mit Kiel und Spanten. Die Takelage – Masten, Segel, Taue und Leinen – ist häufig ebenso kunstvoll kompliziert wie in Wirklichkeit. Die Segel sind aus mehr oder weniger feinem Tuch oder aus Seide genäht.

Manche dieser Segler haben einen Motor, doch im allgemeinen bleibt dieser Antrieb Passagierschiffen, Schnellbooten und Kriegsschiffen vorbehalten.

Für Sammler ist der Motor ein wichtiger Bestandteil. Von entscheidenderer Bedeutung für den Preis alter Spielzeugschiffe sind jedoch Silhouette, Ausbau und Erhaltungszustand.

In ihrem Werk über Schiffe teilen die beiden Spielzeugkenner Jac und Frédéric Remise die Antriebsmittel in sieben Kategorien ein. Diese verschiedenen Systeme finden sich nicht nur in Wasserfahrzeugen, sondern mit den notwendigen Anpassungen auch in Autos, Eisenbahnen und Flugzeugen. Der Aufzieh-Federwerkantrieb ist zweifellos der einfachste und am häufigsten angewandte: «Er setzt sich aus einer Sprungfeder aus Stahl, einem Geviert, das die Feder hält, einer gewissen Anzahl von Übersetzungszahnrädern und einer Sperrklinke für die Arretierung zusammen. Das Ganze ist auf zwei Gehäuseplatten montiert. Die Kraftübertragung erfolgt mittels einer Schraubenfeder oder Kurbelwelle, die in der Gabel der Schraubenwelle plaziert ist. Ein schwacher Motor treibt ein Schiff während mindestens fünfzehn Sekunden, stärkere bis zu fünfzehn Minuten an.»

Dampfmaschinen wiederum wurden auf Spielzeugschiffen von der Mitte des 19. Jahrhunderts bis in die dreißiger Jahre eingebaut. Bis sich das Schwungrad einer solchen Spielzeug-Dampfmaschine dreht, braucht es etwas Geduld. Zuerst muß das Wasser im Kessel genügend Dampf und damit Druck entwickeln, um den Kolben im Zylinder in Bewegung zu setzen. Dessen Schub wird dann durch die Pleuelstange in ein Drehmoment übertragen. Bei kostbaren alten Modellen heißt es jedoch aufpassen, damit beim Heizen mit Spiritus kein Unglück passiert.

1910 gab der Spielzeugfabrikant Bing einem solchen Dampfschiff folgende Gebrauchsanweisung mit: «Die beweglichen Teile gut schmieren; das einwandfreie Funktionieren des Ventils kontrollieren; den Kessel bis zu zwei Dritteln mit sauberem Wasser füllen (Jac Remise empfiehlt destilliertes Wasser, um Kalkablagerungen im Kessel, in den Leitungen und im Zylindergehäuse zu vermeiden); die Lampe mit einem halben Meßbecher Spiritus füllen, den Docht etwa drei Millimeter hervorstehen lassen, anzünden und ins Feuerloch stellen; nie bei leerem Kessel heizen.» Viele Sammler schrecken allerdings davor zurück, diese recht kostbaren Dampfmodelle wieder in Betrieb zu setzen, aus Furcht, daß die

*Dampfschiff «Lausanne» mit Heißluftantrieb. Länge 26 cm.
Märklin, Deutschland, um 1910; Collection Giansanti Coluzzi.*

Bemalung unter der Hitze abblättert oder der Rost die mechanischen Teile angreift.

Eine Abart der Spielzeug-Dampfmaschine ist der Heißluftmotor, der allerdings nur selten eingesetzt wurde. Bei ihm treibt die Luft, die sich im befeuerten Zylinder ausdehnt, den Kolben an.

Ein für die damalige Zeit revolutionäres Prinzip gelangte beim Rückstoßmotor zum Einsatz. In einem kleinen Heizkessel erzeugter Dampf zischte mit Luft vermischt als Strahl aus einer Unterwasserdüse und ließ das Schiff durch die Wellen schießen. Ein derartiger Antrieb findet sich bereits bei einem Spielzeugschiff von 1875, also ein gutes halbes Jahrhundert vor der Entwicklung der ersten Strahltriebwerke. Sein Erfolg hielt sich jedoch in Grenzen, und nur wenige damit ausgerüstete Modelle sind erhalten geblieben.

Bereits kurz vor der Jahrhundertwende statteten Modellschiffbauer manche Schiffe mit Elektromotoren aus, die von wiederaufladbaren Batterien gespeist wurden. Eine führende Rolle bei ihrer Entwicklung spielte die deutsche Spielzeugfabrik Märklin.

Ein überaus einfaches und billiges Mittel für den Antrieb von Schiffchen ist das Gummiband. Es eignet sich besonders für Unterseeboote. Damit sich die aufgedrehte Gummispirale nicht zu schnell entrollte, kombinierte man sie mit einer Übersetzung.

Andere Schiffchen, beispielsweise Badewannen-Unterseeboote, nutzen ein kombiniertes Verdrängungs-/Rückstoßprinzip: «Durch einen Schlauch mit einem Gummiball verbunden, schwimmen sie entweder untergetaucht oder an der Oberfläche dank des Anteils an Luft in ihrem Innern. Durch Pressen des Gummiballs schickt man Luft in das Boot, um es über Wasser zu halten: läßt man den Ball los, saugt sich das Boot mit Wasser voll und taucht.»

Die Spielzeugfabrikanten haben laufend neue Motoren für ihre Modelle entwickelt und bestehende Typen verbessert. Manche von ihnen haben dabei wichtige Beiträge zur Miniaturisierung von Antriebssystemen geleistet, die auf den verschiedensten Gebieten zum Einsatz kommen.

SPANISCHBRÖTLI-BAHN UND SCHNELLZUG

Die Signalpfeife schrillt… ein Ruck geht durch die Zugskomposition. Durch Zauberhand gelenkt, setzt sich der Zug in Bewegung, fährt in Kurven und findet seinen Weg durch das Weichengewirr. Wie eine Schlange gleitet er zwischen Signalen und Häuschen durch, an Barrieren mit wartenden Menschen und Autos sowie an Kühlein vorbei, die unter verstreut stehenden Bäumen weiden.

Der Lust und Laune des Kindes am Steuerbrett unterworfen, verlangsamt der Zug seine Fahrt, hält, fährt wieder an, beschleunigt. Das Kind baut die Strecke auf, verändert sie und fügt nach Belieben Schienenstücke zusammen. Dabei muß

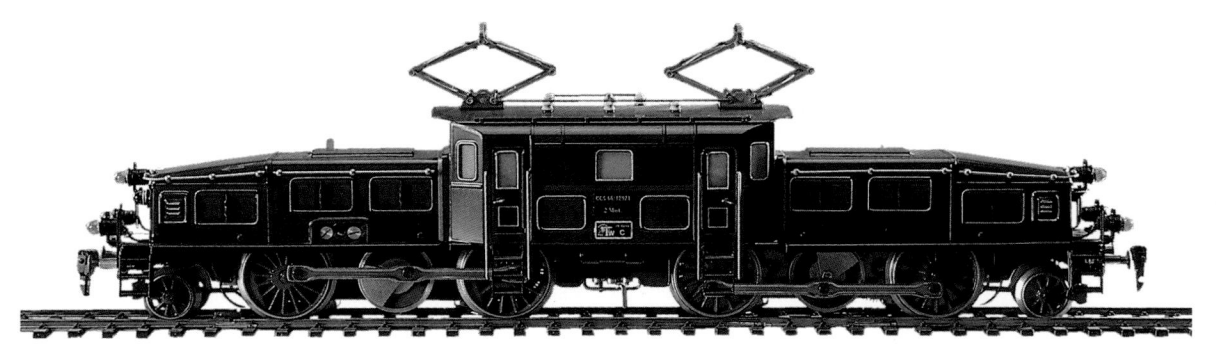

*SBB-Güterzuglokomotive «Krokodil». Spur 1, Länge 63 cm.
Märklin, Deutschland, 1934; Collection Giansanti Coluzzi.*

es allerdings darauf achten, den richtigen Kurvenradius einzuhalten, die Weichen sinnvoll einzusetzen und die Fahrpläne der einzelnen Züge aufeinander abzustimmen. Solcherart sind seine... und seines Vaters Vergnügungen.

Wenn der Zug in den Bahnhof einfährt, ist der Freude stets ein Quentchen Angst beigemischt: Die mächtige Lokomotive könnte alles zermalmen, was vor ihr liegt. Auf dem Perron spielen sich Begrüßungs- und Abschiedsszenen ab.

Der Bahnhof der Jahrhundertwende mit seinen mächtigen Stahl-Glas-Kuppel- und -Tonnengewölben ist eine Art Kathedrale des mobilen Zeitalters.

Die Spielzeugbahn beschwört für das Kind diese Atmosphäre herauf, dieses Kommen und Gehen der Reisenden, die bunte Gästeschar im Bahnhofrestaurant. Es kann diesen Dekor zum Spielplatz machen, mit all den charakteristischen Figuren, unter denen der würdige Bahnhofvorstand und der Kondukteur mit seiner mächtigen Tasche für Ordnung und planmäßigen Ablauf des Bahnbetriebs sorgen.

Das Kind hebt die Kelle und schlüpft in die Rolle des Vorstands, der den Zug abfertigt, greift zur Billettzange und wird zum Kondukteur: «Alle Billette vorweisen, bitte. Nächster Halt in Olten, Anschluß nach Luzern–Gotthard–Chiasso.» Gibt es ein schöneres Spiel?

Die prachtvollen Bahnhöfe in der Sammlung des Grafen Antonio Giansanti Coluzzi in Lausanne warten auf die Einfahrt seiner einzigartigen Kollektion von Eisenbahnloks und -wagen. Sie beeindrucken uns mit ihrer imposanten Architektur der Jahrhundertwende.

Die Spielzeuglokomotive mit ihrem gleichmäßigen Lauf und der wie ein Uhrwerk funktionierenden Mechanik übt eine besondere Faszination aus. Welch eine Lust, ein solches kompaktes Stück Technik in der Hand zu halten, das vom Können der Spielzeugmechaniker und -elektriker zeugt. Was für ein Kraftpaket sie ist, zeigt sie erst, wenn sie den ellenlangen Schnellzug unermüdlich über alle Steigungen schleppt oder stößt...

Wer eine solche Spielzeugeisenbahn mit den Augen des Kenners betrachtet, stellt fest, daß der kleine Zug bis ins winzigste Detail seinem lebensgroßen Vorbild gleicht. Jede Lokomotive, jeder Wagen zeugt von der Epoche, in der sie gebaut wurde, vom Zeitgeist, vom Stand des Innenausbaus und der Eisenbahntechnik.

Bis zum Ende des 19. Jahrhunderts kümmerten sich die Hersteller wenig um eine Harmonisierung der Geleisebreiten. Das erschwerte nicht nur die Arbeit der Lieferanten von Zubehör (Bahnhöfe, Niveauübergänge, Signale usw.), sondern war auch für die Benutzer lästig, da sich das Material verschiedener Marken kaum kombinieren ließ.

Märklin als einer der führenden Hersteller setzte dann schließlich seine Spurweiten durch. In diesem Zusammenhang sei daran erinnert, daß diese der Distanz der Geleiseachsen, nicht dem Abstand zwischen den Schienen entsprechen. Clive Lamming zählt sie in seinem Werk über alte Spielsachen auf:

Bezeichnung	Spurweite
III	75 mm
IIa	67 mm
II	54 mm
I	48 mm
0	35 mm

«Die Spurweiten III und II überlebten den Ersten Weltkrieg nur in Ausnahmefällen. Die Spurweiten I und 0 hatten ihre größte Blütezeit in den zwanziger und dreißiger Jahren und wurden vor allem in Deutschland, Frankreich und Großbritannien hergestellt. Im heutigen Modelleisenbahnwesen kennt man kleinere Spurweiten (H0: 16,5 mm und N: 9 mm), mit genauen Maßstäben und Standards für alle Marken. Eine neue 0-Spur ist mit 32 mm entstanden, doch weichen ihre Normmaße von jenen der älteren Spielzeugeisenbahnen ab.»

Der Vielfalt von Maßstäben und Spurweiten entspricht die unglaubliche Mannigfaltigkeit der Modelle, die sich in Spielzeugeisenbahnsammlungen finden läßt. Vom Pferdezug über die heroische Zeit der großen Dampflokomotiven bis zur Elektrifizierung kann der Sammler sämtliche Etappen der Eisenbahngeschichte verfolgen.

Die bedeutendste Modelleisenbahnmarke war zweifellos Märklin. Die Firma wurde 1859 von Theodor Friedrich Wilhelm Märklin im schwäbischen Göppingen als Fabrik für Puppenküchenutensilien gegründet. Nach seinem Tod 1866 führte seine Frau den Betrieb weiter und baute ihn aus. 1888 trat sie das Geschäft an ihre beiden Söhne Eugen und Karl ab, die in der Folge die Firma Gebrüder Märklin und Co. gründeten. 1891 kauften sie die Spielzeugfabrik von Ludwig Lutz auf; man exportierte bereits in die ganze Welt. Um die Jahrhundertwende umfaßte das Betriebsgelände 6000 Quadratmeter; 1904 wurde die Spielzeugfabrik Rock und Graner übernommen.

Die Gebrüder Märklin bauten sowohl Schiffe, Unterseeboote, Kutschen, Automobile und Flugzeuge wie Karussells und Eisenbahnen. Vor dem Ersten Weltkrieg fertigten 600 Mitarbeiter die insgesamt 1600 Artikel des hauseigenen Katalogs.

Märklin-Spielzeug ist außerordentlich sorgfältig hergestellt. Die Dekors sind meist handgemalt, außer bei der in Fotolithografie bedruckten Massenware. Von 1918 an spezialisiert sich das Unternehmen auf die Produktion von elektrischen Eisenbahnen der Spurweiten 0 und 1. Als eine der wenigen großen Marken besteht sie bis heute. Alte Märklin-Modelle gehören zu den gesuchtesten und erzielen entsprechend hohe Sammlerpreise.

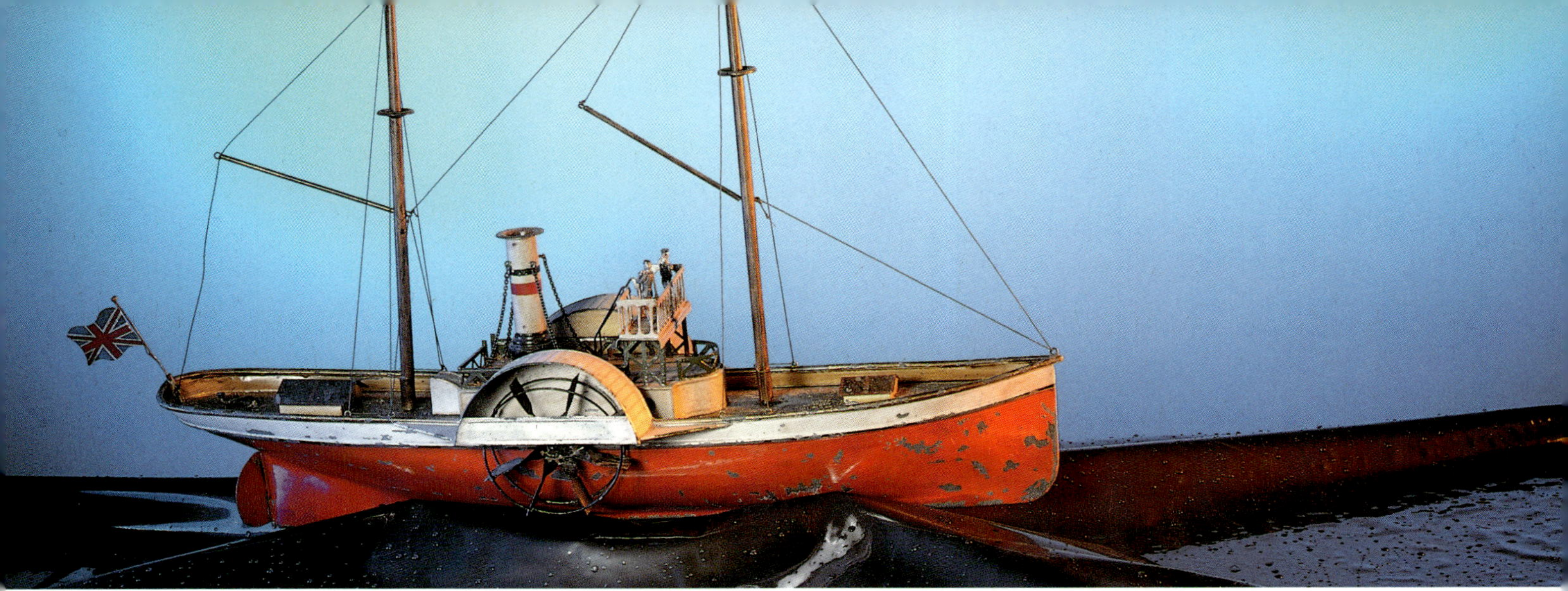

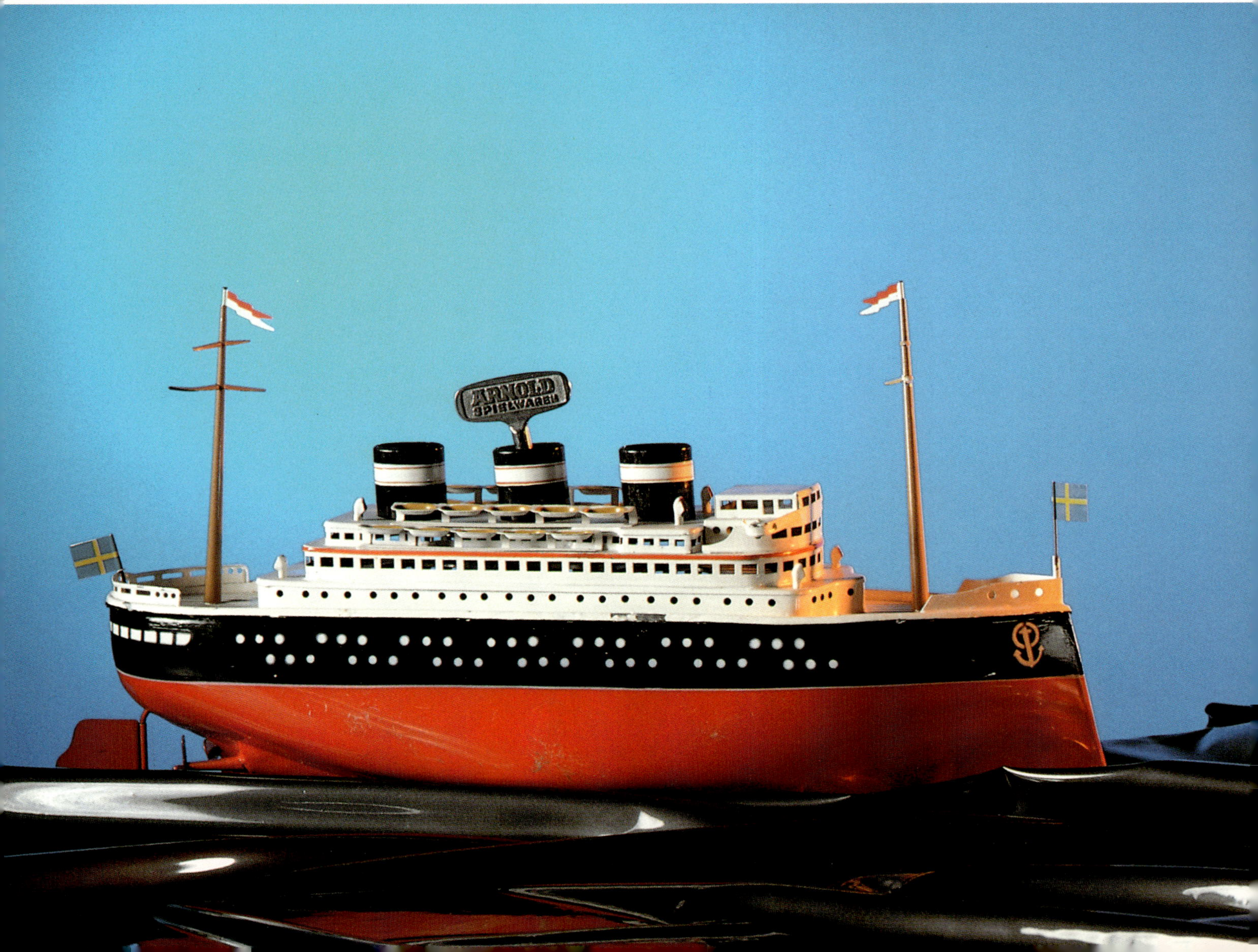
ARNOLD
SPIELWAREN

«Sobald ich, das Gesicht von den rotierenden Schaufelrädern naßgespritzt, das Spielzeug sich selbst überließ, erschauerte ich vor Glück und Bangen zugleich, als wäre ich selbst für eine Überfahrt voller Gefahren ausgelaufen… Aufgeregt und beklommen rannte ich zum andern Ende des Beckens, um die trotz allem ungewisse Ankunft meines prächtigen Schiffs zu beobachten.»
Jac Remise

Von links nach rechts und oben nach unten:

Schaufelraddampfer mit Federwerkantrieb. Länge 42 cm. Märklin, Deutschland, 1890; Spielzeugmuseum Riehen.

Hölzerne Segelschiffe auf Rollen, mit drei Zentimeter großen Matrosen. Erzgebirge, Deutschland, 1900; Musée Forel, Morges.

Hochsee-Passagierdampfer aus handbemaltem Blech mit Federwerkantrieb. Länge 35 cm. Arnold, Deutschland, um 1930. Leuchtturm aus bemaltem Blech mit Drehscheinwerfer. Doll & Co, Deutschland, 1900; Collection Giansanti Coluzzi.

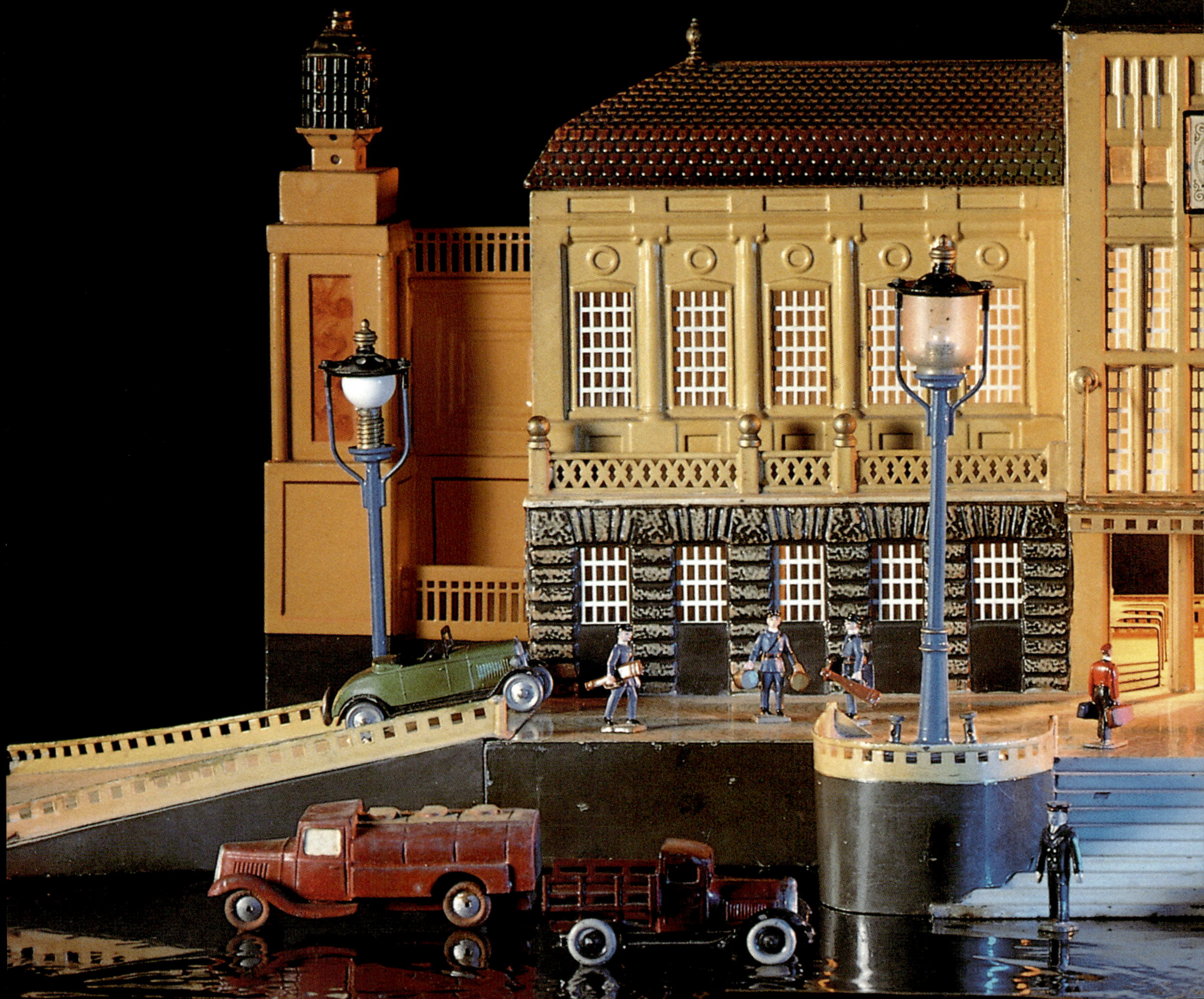

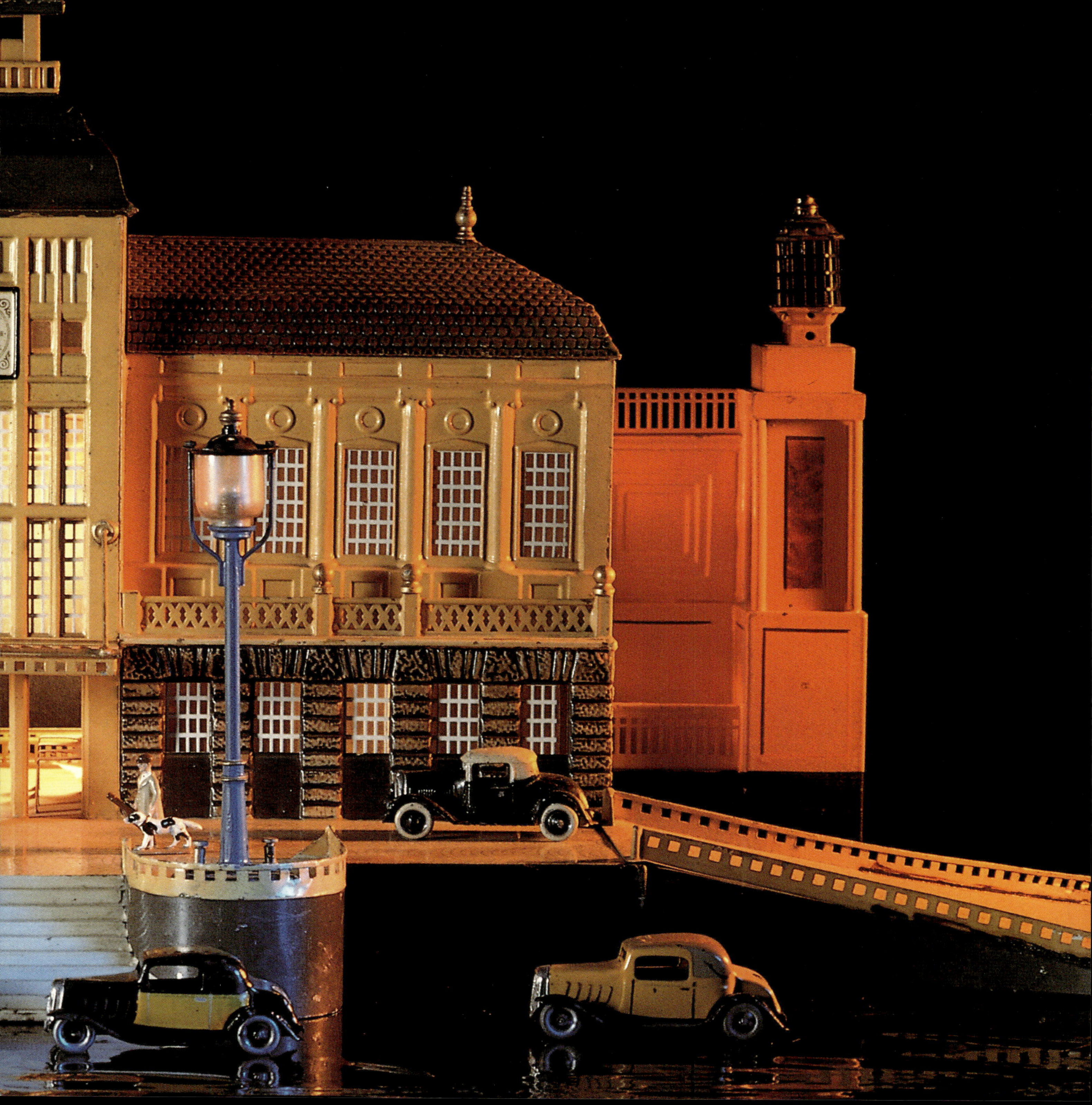

Was wäre ein Bahnhof ohne Züge und Passagiere? Wo fahren Züge hin, wenn nicht in Bahnhöfe? Die Spielzeugeisenbahnen ermöglichen immer wirklichkeitsgetreuere Nachbildungen und beeindrucken durch Geschwindigkeit, Kraft und Zuverlässigkeit.

Voranstehende Doppelseite:

Bahnhof Leipzig. Bemaltes Blech. Länge 94 cm. Märklin, Deutschland, 1919.
Automobile aus den dreißiger Jahren: Citroën-Zisternenwagen aus Gips und Mehl, J. R. D.; Peugeot 301, A. R.; Citroën-Viehtransporter, C. D.; drei »Rosalie« von Jouets Citroën.
Personen von C. B. G.; Collection Giansanti Coluzzi.

Von links nach rechts und oben nach unten:

Spur-1-Brücke. Länge 143 cm. Märklin, Deutschland, 1890; Lokomotive Märklin, 1904, Wagen Bing, 1900; Collection Giansanti Coluzzi.

Zwei Spur-0-Züge. Obere Komposition: Lokomotive mit Uhrfederwerk und Zahnradantrieb. Länge 15 cm. Märklin, Deutschland, 1905. Die untere Komposition wird von einer der ersten Märklin-Lokomotiven von 1883 gezogen. Schrankenwärterhäuschen Märklin 1910; Sammlung F. C. Weber.

Remise mit Semaphor-Signal. Länge 73 cm. Lokomotiven (von links nach rechts): Bing, 1902; Märklin, 1910; Bing, 1913; Collection Giansanti Coluzzi.

Eine Bing-Lokomotive (1913) im Bahnhof Leipzig. Reisende und Bahnbeamte von Hornby und C. B. G.; Collection Giansanti Coluzzi.

HANDGEPÄCK
Annahme   Abgabe

WARTESAAL
III & IV CLASSE

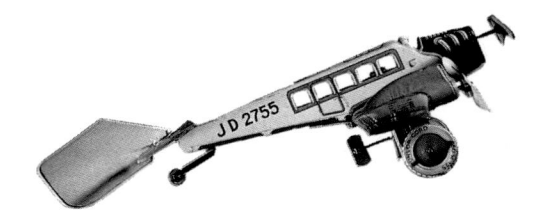

DIESE WUNDERBAREN FLUGAPPARATE

Das Reisen zu Land und zu Wasser mußte eines Tages in der Luft fortgesetzt werden, dürfte doch der Mensch schon lange vor Ikarus davon geträumt haben, es den Vögeln gleichzutun. Man mußte aber die Neuzeit und zur Hauptsache das 20. Jahrhundert abwarten, bis sich dieser Traum, in seinen Anfängen eine Utopie und Spielerei, verwirklichte.

Der Drachen als Vorläufer des Ballons und des Flugzeugs war in erster Linie ein Spielzeug, obwohl er bei den Chinesen auch religiöse Bedeutung hatte. Leonardo da Vinci, das Universalgenie der Renaissance, war der erste, der uns eigentliche Konstruktionszeichnungen von Flugapparaten hinterließ. Eine dieser Maschinen hatte eine Art Drachenflügel, die durch Muskelkraft bewegt wurden. In spielerisch-visionärer Manier sah Leonardo auch die Wirkungsweise des Fallschirms und der Flugschraube, des Propellers, auf dem Papier voraus, verwirklicht wurde allerdings keiner dieser Pläne.

Mit der Erfindung des Heißluftballons durch die Brüder Montgolfier gelang es dann dem Menschen 1783 erstmals, sich in die Luft zu erheben.

1860 kam ein revolutionäres Spielzeug auf den Markt, die Flugspirale. Auf einer mittels Zugschnur beschleunigten Achse zum Rotieren gebracht, steigt der Propeller in die Höhe und fliegt davon. Heute ist die Flugspirale aus Kunststoff erhältlich. 1870 erschienen dann Spielzeugapparate mit einem Propeller, der durch ein Gummiband in Drehung versetzt wurde und große Schmetterlinge in die Luft beförderte.

Ebenfalls um 1870 stiegen zum Erstaunen von groß und klein erste unbemannte Kleinflugzeuge in die Luft, deren Propeller durch eine Dampfmaschine angetrieben wurden.

1901 umrundete der brasilianische Flugpionier Alberto Santos-Dumont mit seinem Luftschiff über den Köpfen der verblüfften Pariser den Eiffelturm. Eine Spielzeug-Miniaturausgabe seines Flugapparats wurde daraufhin zum großen Erfolg. Später dienten die Zeppelin-Luftschiffe als Vorbilder für zahlreiche solche Spielzeug-Zigarren der Marken Tipp & Co., Lehmann und vor allem Märklin. Aus Blech gefertigt und durch einen Propeller angetrieben, «fliegen» sie an einer Schnur aufgehängt oder drehen sich um einen kleinen Mast.

Den Gebrüdern Wright, die ihre Flugapparate mit einem Explosionsmotor ausgerüstet hatten, gelangen 1903 die ersten Hopser in gesteuertem Flug. Bereits um 1906 konnte man ihren Doppeldecker als Zusammensetzspielzeug kaufen. Man brauchte bloß den hölzernen Rumpf und die Verstrebungen zusammenzubauen und in die Tragflächen aus perforiertem Karton zu stecken. Dieses Flugzeug war tatsächlich flugtüchtig, was bei solchen Modellen selten der Fall ist.

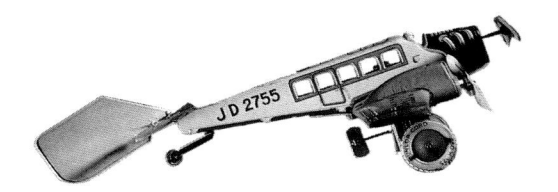

Das Flugzeug, mit dem Santos-Dumont 1906 zwei Preise gewann, weil er damit als erster höher als 25 Meter und weiter als einen Kilometer flog, erschien in der Folge als Spielzeugmodell mit Gummibandmotor. Und 1909 brachte der deutsche Spielzeugfabrikant Lehmann ein Blechmodell von Santos-Dumonts berühmter «Demoiselle»-Flugmaschine heraus.

Am 25. Juli 1909, um vier Uhr morgens, startete der Franzose Louis Blériot in seinem selbstgebauten Flugapparat zur ersten Überquerung des Ärmelkanals. Sechsunddreißig Minuten später setzte sein legendärer Eindecker auf britischem Boden in der Nähe von Dover auf. Die Firma Günthermann ergriff die Gelegenheit beim Schopf und warf ein Spielzeugmodell des Flugzeugs auf den Markt. Aber auch Ernst Plank und andere Fabrikanten wußten die Erfolge der Flugpioniere in Spielsachen zu verwerten.

In den zwanziger Jahren wurden unzählige Spielzeugflieger aus lithografiertem Blech produziert. Dank diesem Druckverfahren konnten zahlreiche Einzelheiten, wie Fenster, Passagiere, Marke usw., wiedergegeben werden. Diese Apparate sind mit einem Aufziehmechanismus versehen, der den Propeller, die Räder oder beides antreibt, so daß das Flugzeug von allein auf dem Flugfeld herumrollen kann.

Die Spielzeug-Flugschiffe sind zum größten Teil schwimmfähig. Der Propeller wird durch ein Uhrfederwerk angetrieben und läßt das Flugschiff auf seinen Schwimmern durch die Wellen pflügen; abheben kann es allerdings noch nicht.

Akrobatikflugzeuge beeindrucken Kinder wie Erwachsene. Wenn der Kunstflieger Loopings und Vrillen an den Himmel malt oder im Sturzflug in die Tiefe schießt, um die Maschine im letzten Augenblick aufzufangen und hochzuziehen, erschauern die künftigen Piloten am Boden. Sie versuchen diese Manöver mit ihren Gleit- und Segelflugzeugen nachzuvollziehen, doch diese beenden ihren Flug nur zu häufig auf einem Baum oder mit der Nase im Erdreich steckend.

Äußerst beliebt sind Modellflugzeuge zum Selberbauen, kleine Meisterwerke an Genauigkeit und Erfindungsgeist.

In beiden Weltkriegen wird das Flugzeug zu einem entscheidenden Element der Kriegführung, und damit geht es selbstverständlich auch in das leider reichhaltige Arsenal des Kriegsspielzeugs ein. Die verschiedenen Kampfflugzeuge sind jeweils mit jedem Detail ihrer Bewaffnung wiedergegeben.

Die Weiterentwicklung der Strahltriebwerke nach dem Zweiten Weltkrieg erhöht Geschwindigkeit und Transportkapazität der Flugzeuge. Als unmittelbare Folge davon büßen auch die Modellflugzeuge ihre Propeller ein. Doch bereits hat ein neues Wettrennen eingesetzt, die Eroberung des Weltraums mit ihren Raketen, Satelliten und Robotern...

Fliegen können: der Traum des Ikarus... und aller Kinder. Das große Abenteuer der Luftfahrtgeschichte kann in den Katalogen der Spielzeugfabrikanten nochmals entdeckt werden, haben sie sich doch bemüht, die jeweils neuesten Flugzeugtypen mit teilweise unglaublicher Detailtreue zu reproduzieren.

Dreimotoriger Tiefdecker aus formgepreßtem und in Lithografie bedrucktem Blech. Länge 44 cm. Johann Distler, Deutschland, 1930; Sammlung F. C. Weber.

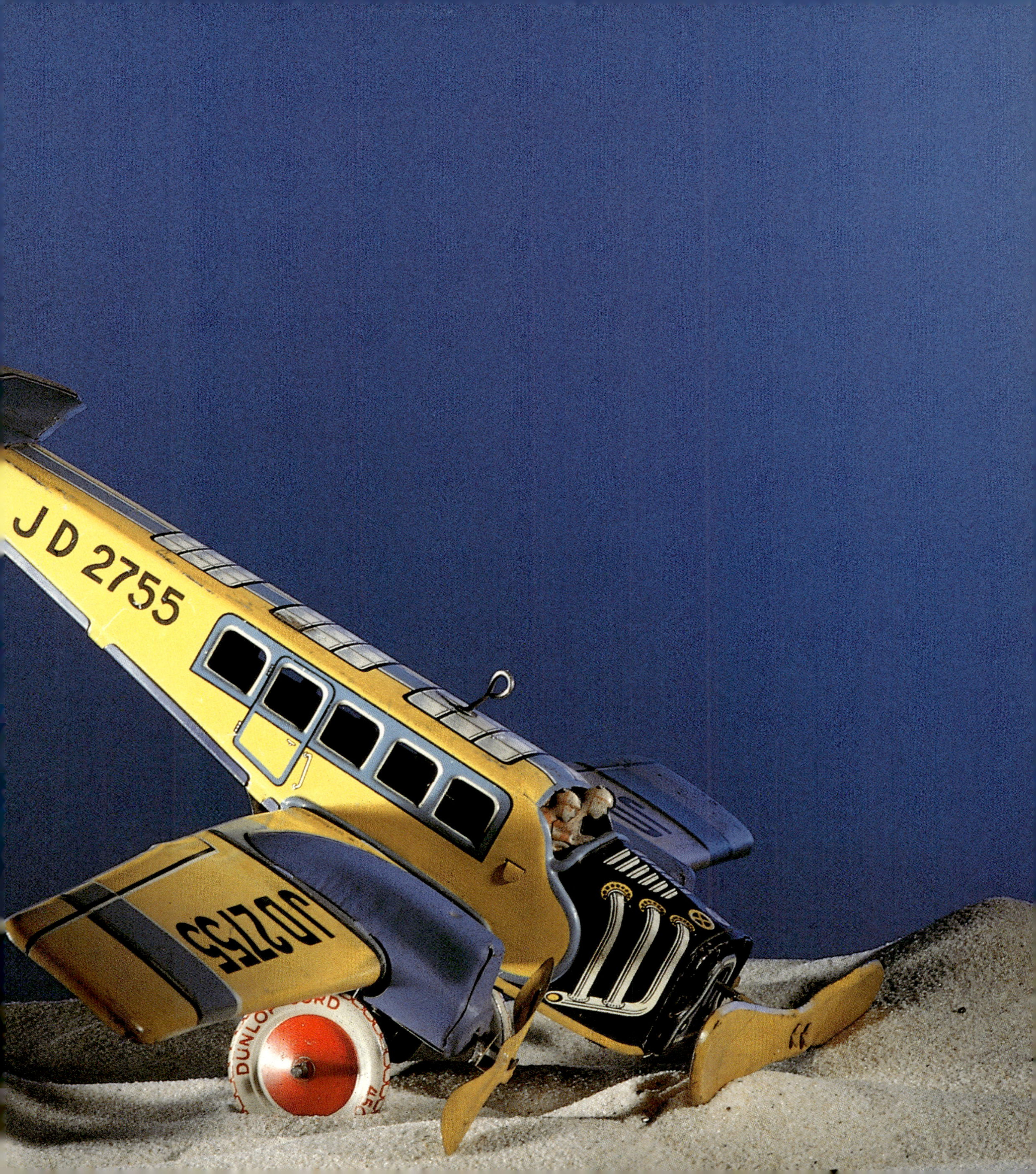
J D 2755
JD2755

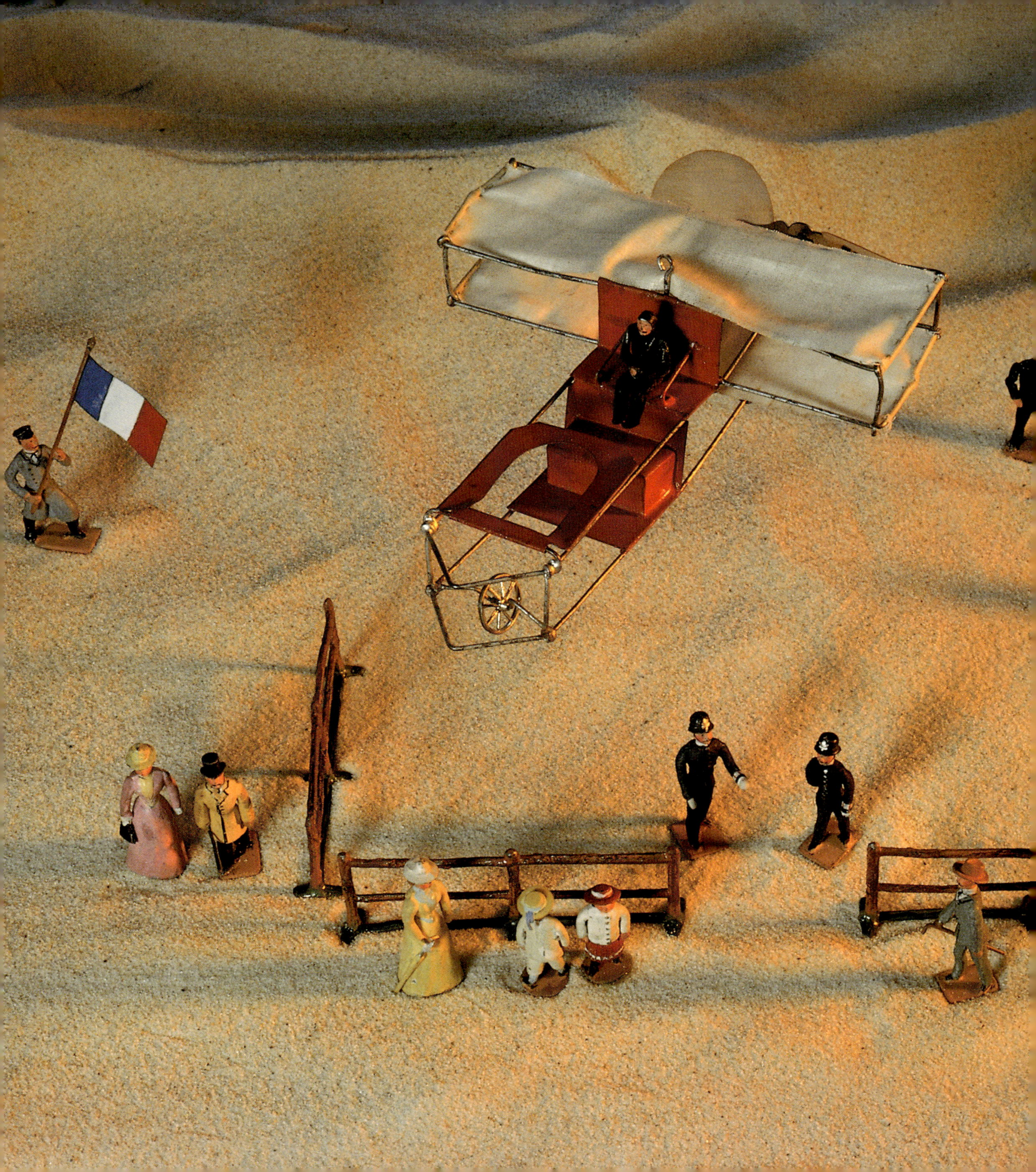

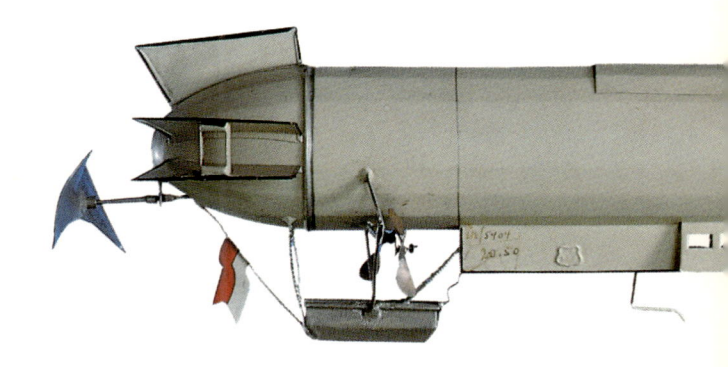

Seit den Anfängen der Aviatik weckten Flugvorführungen und Meetings die Begeisterung für die Fliegerei. Und um die Neugier der Kinder zufriedenzustellen, baute man die ersten erfolgreichen Flugapparate von Pionieren wie Wright, Blériot, Latham und andern als Spielzeugmodelle nach.

Doppeldecker aus Draht und Tuch; Nachbau einer der ersten Maschinen des Flugpioniers Santos-Dumont. Heckpropeller mit Gummiantrieb. Bleifiguren in Relief, Höhe 5 cm. Georg Heyde, Dresden, Deutschland, 1910; Spielzeugmuseum Riehen.

Zeppelin mit fünf Propellern und Federwerkmechanismus. Märklin, Deutschland, 1910. Sammlung F. C. Weber.

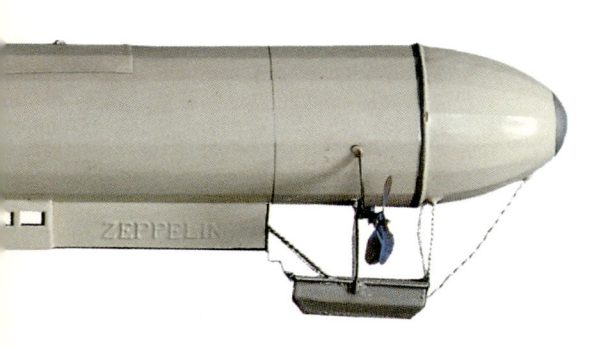

Start in die Zukunft der Luftfahrt, die Eroberung des Weltraums. Wie immer haben die Visionen und Verwirklichungen der Raumfahrt auch im Spielzeug ihren Niederschlag gefunden… Sofern es sich nicht umgekehrt verhält!

Rakete (Länge 35 cm), fliegende Untertasse und Roboter aus bedrucktem Weißblech. Japan, um 1965; Kindermuseum Baden.

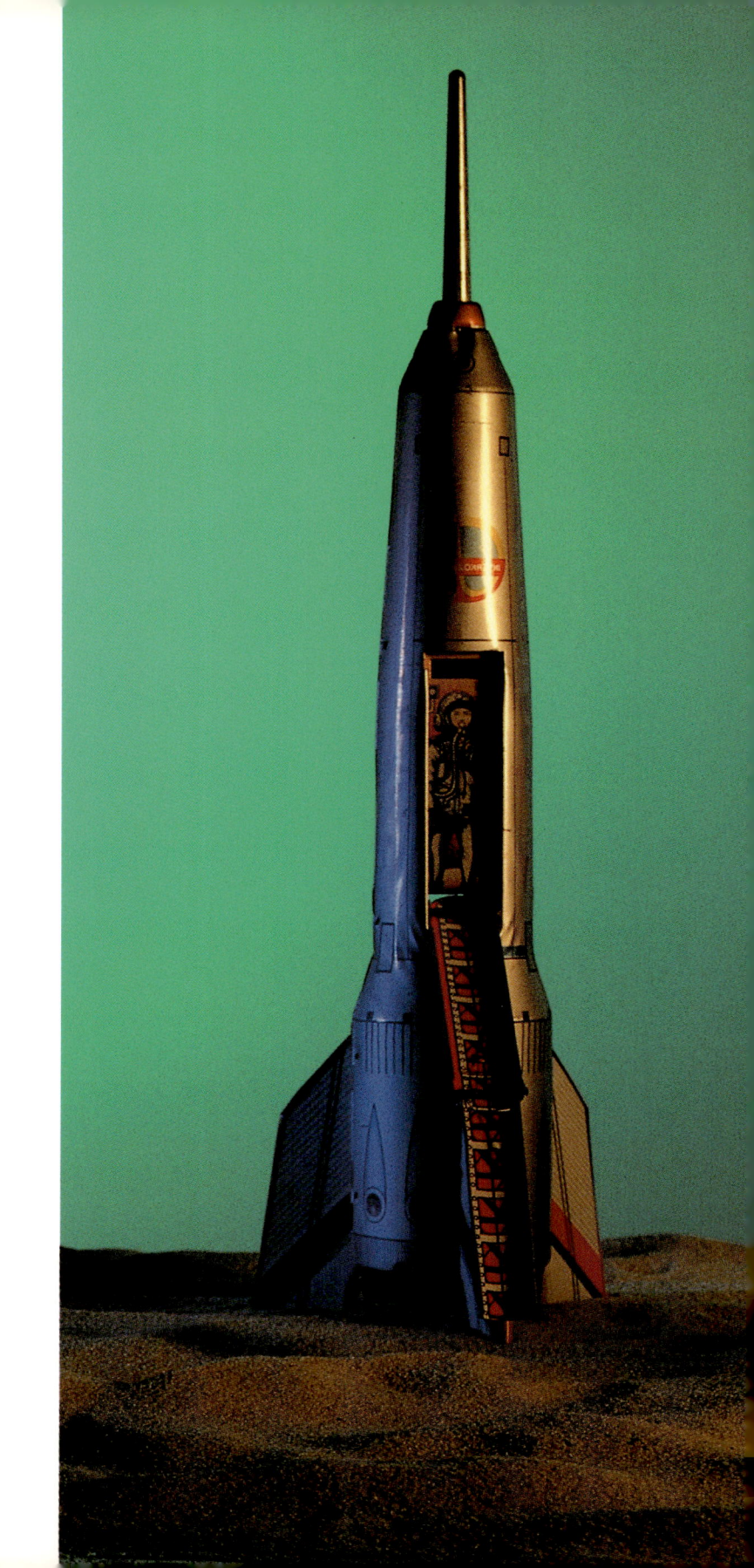

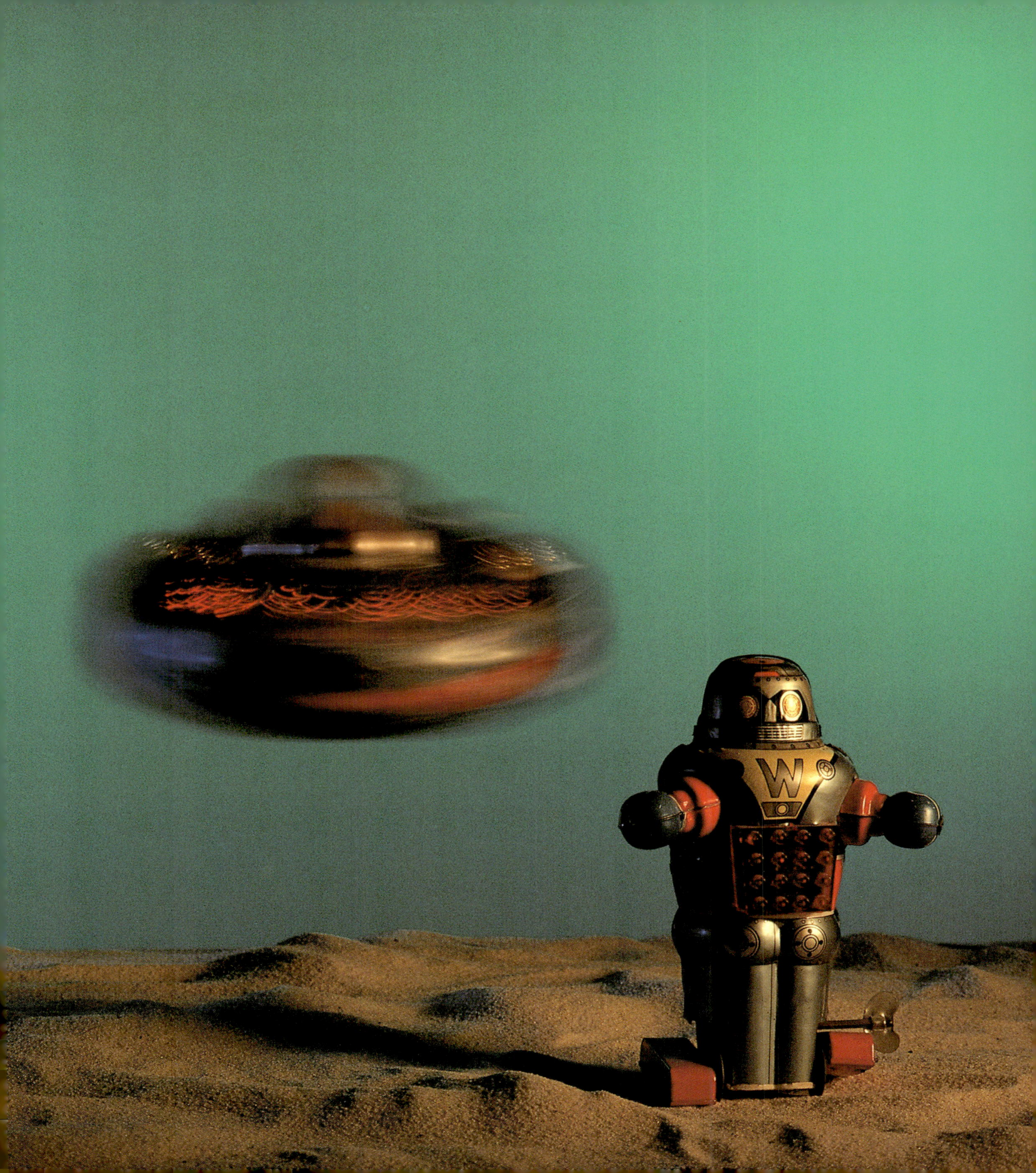
W

4

DER REIGEN DER BERUFE

Die harte Wirklichkeit des Bergwerks ist ins Spielzeug umgesetzt.
Diese Darstellung hat zweifellos auch didaktischen Wert.

*Bergwerk aus Karton mit Holzrahmen, mittels einer kleinen Kurbel angetrieben.
Deutschland, 1860; Kindermuseum Baden.*

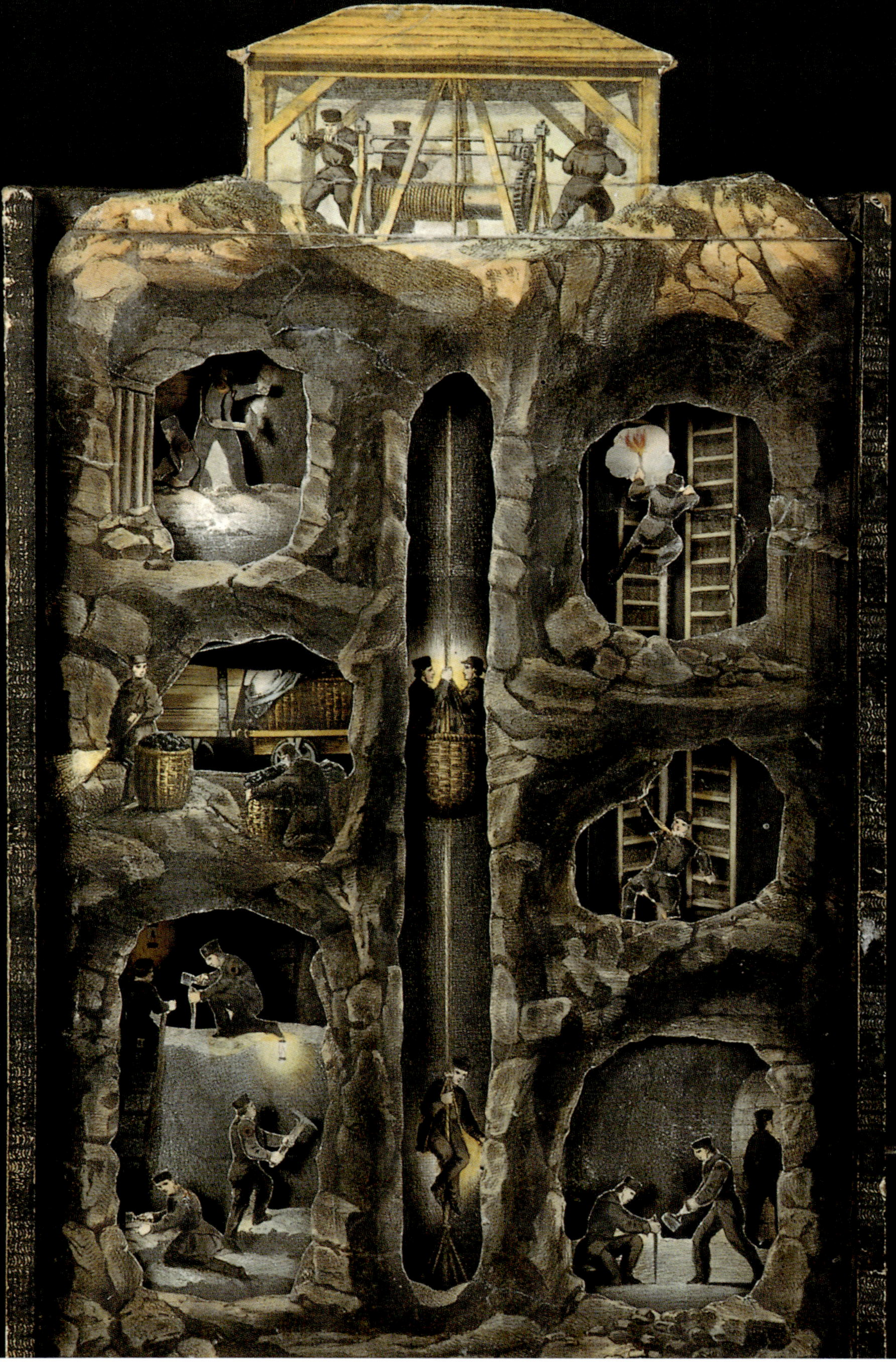

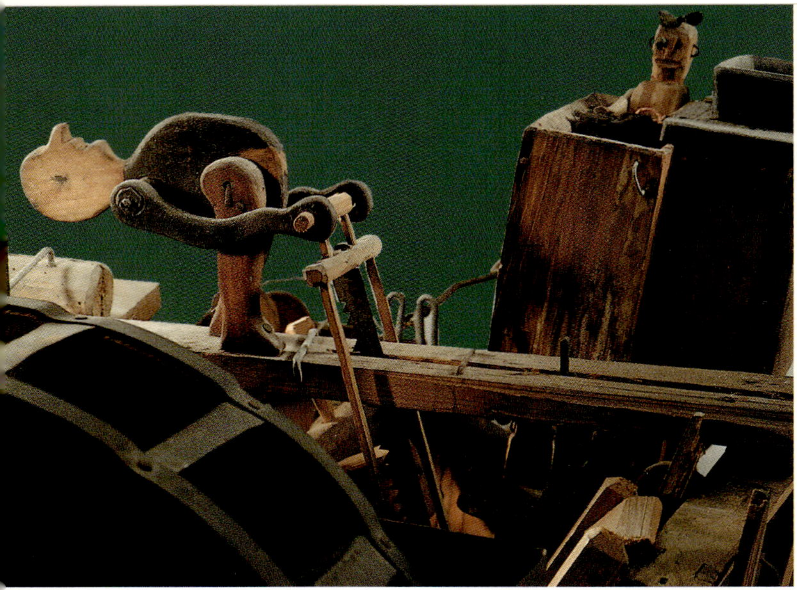
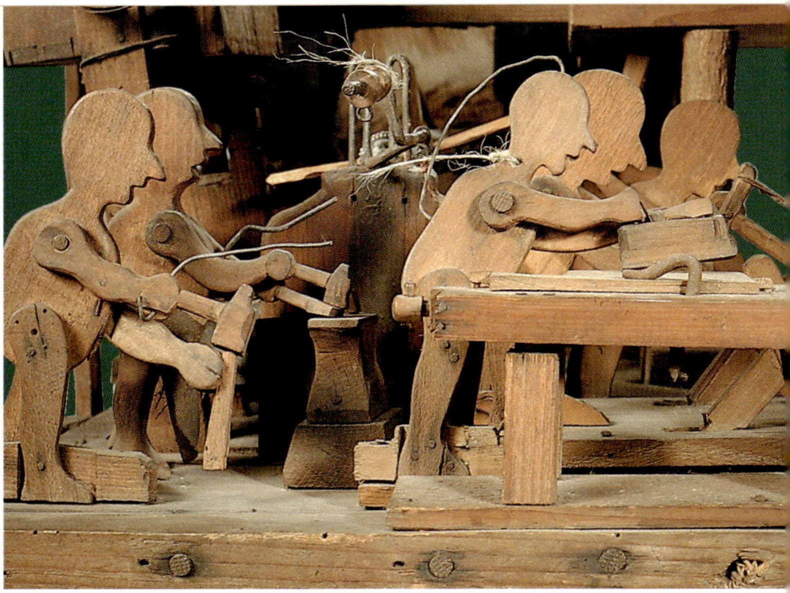
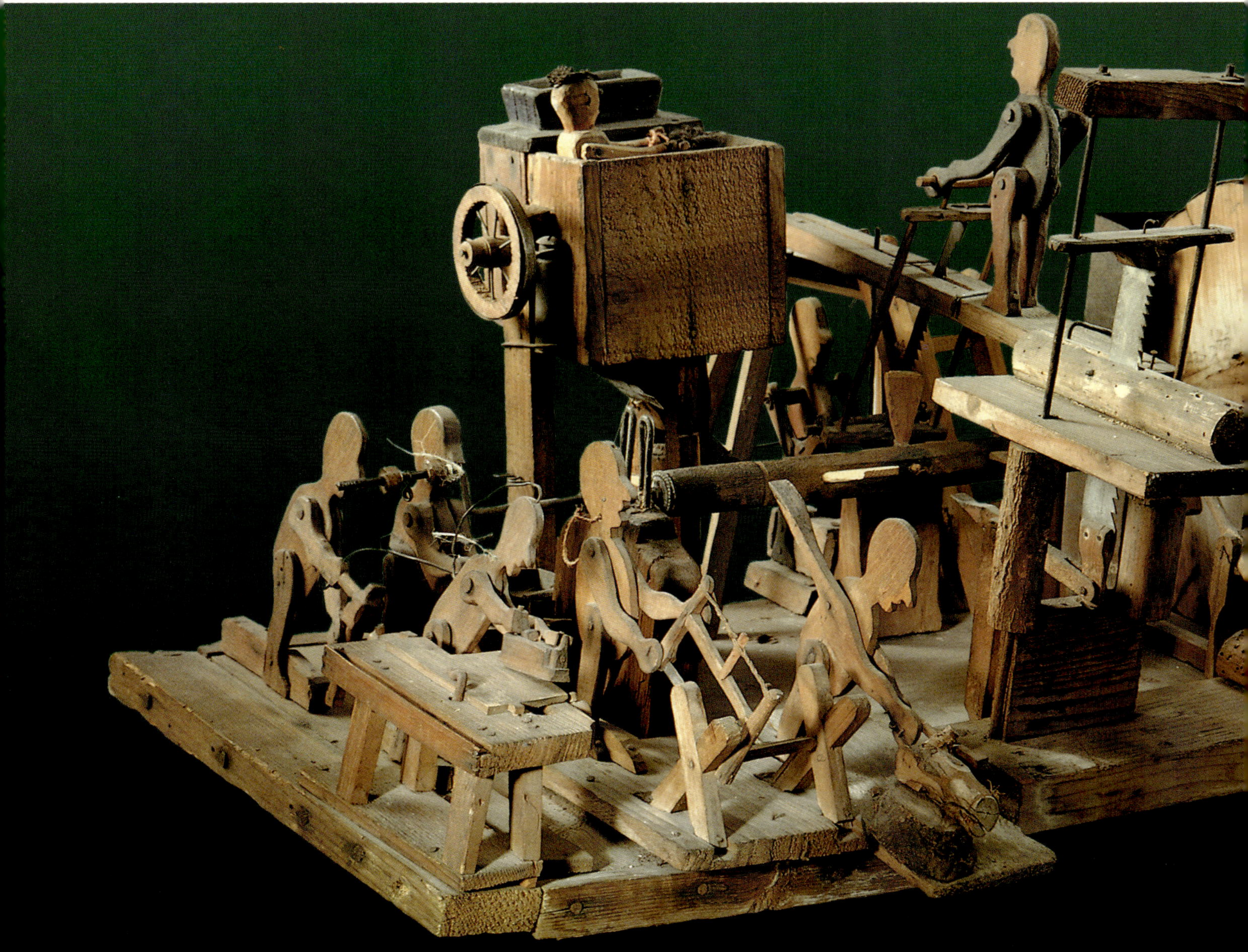

Um dem Kind die verschiedenen Berufe bei der Holzverarbeitung näherzubringen, haben Kunsthandwerker oder Eltern diese immer wieder im Spielzeug oder in ganzen Modellen dargestellt, oft in Einzelstücken, die von manchen als charakteristisch für eine bestimmte Sparte der Volkskunst angesehen werden.

Modell einer Sägerei mit einem Wasserrad, das über eine Nockenwelle die verschiedenen Figuren und Maschinen in Bewegung setzt. Länge 76 cm. Handwerkliche Fertigung, wahrscheinlich schweizerischer Herkunft. Erste Hälfte 20. Jh.; Musée d'ethnographie de Genève.

hen, auseinanderzunehmen, auszuschlachten, um das Wie und Warum dessen zu begreifen, was sich da auf so geheimnisvolle Weise bewegt.» Diese Freuden, die der Erwachsene dem Kind verweigerte, als die ersten Automaten aufkamen, werden ihm mit zunehmender Mechanisierung und industrieller Fertigung zuteil: anfänglich spärlich, dann, nach 1870, in Überfülle... Die Kinder sind begeistert von diesen Spielsachen, die die Wirklichkeit so täuschend nachahmen und deren Inbetriebnahme nicht einfacher sein könnte: Man braucht nur die Feder aufzuziehen.

MIT VOLLDAMPF

Von der Mitte des 19. Jahrhunderts an verändern – parallel zum tiefgreifenden Wandel der Fertigungstechniken – auch die Berufe ihr Gesicht. Das Kind erlebt mit, wie neue Berufe entstehen, in immer größeren Fabriken, an immer leistungsfähigeren Maschinen. Auch das Spielzeug hat das Kind mit dieser neuen Umwelt vertraut zu machen, wenn auch im freien Spiel. Schritt für Schritt entdeckt es so die neuen Techniken, mit denen sich seine Eltern Tag für Tag bei der Arbeit auseinandersetzen müssen.

Mit der Spielzeugdampfmaschine steht das Kind plötzlich mitten im industriellen Zeitalter. Das seit Jahrtausenden vertraute Roß wird durch das Dampfroß ersetzt, dessen Fauchen und Launen gemeistert sein wollen.

Die Benutzung einer Dampfmaschine erweist sich als vielschichtige Aufgabe. Das Kind lernt, die Maschine richtig mit Wasser zu versehen,

Dampfmaschine. Länge 32 cm. Märklin, Deutschland, um 1900; Kindermuseum Baden.

weder zuviel noch zuwenig. Es muß sie beim Heizen auf der richtigen Temperatur halten, damit sie nicht durchdreht, genügend Dampf einspeisen, damit sich der Kolben im Zylinder bewegt, Druckmesser und Ventile kontrollieren usw. All diese Vorgänge fordern die ganze Aufmerksamkeit des Kindes und ständiges Regulieren, außerdem setzen sie Verständnis für verschiedene physikalische Erscheinungen voraus: Verdampfung, Druck, Funktionieren der Übertragungsmechanismen und andere mehr.

Damit das Kind selbst Strom erzeugen kann, baut man gegen 1905 kleine Generatoren, die mit einer Dampfmaschine verbunden sind.

Man verkauft auch «schlüsselfertige» Betriebe und Einrichtungen wie Molkereien oder Destillerien, deren Apparaturen mit einer Dampfmaschine angetrieben werden. Manche davon werden als Baukasten mit exakten Montageanweisungen geliefert.

Die begabten Bastler unter den Eltern haben aber auch selbst Dampfmaschinen gebaut, mit sämtlichen Rohren, Reguliersystemen, Antriebsrädern und all den übrigen Teilen. Die Kinder mußten Sorge tragen zu dieser komplizierten Mechanik, alles regelmäßig schmieren und ölen, den Heizkessel nach jedem Gebrauch leeren, die Kupfer- und Messingteile auf Hochglanz polieren, Rostflecken entfernen... Dank solch sorgfältiger Pflege sind manche dieser prächtigen Maschinen erhalten geblieben. Viele aber sind verstaubt, verrostet und schließlich im Kehrichteimer gelandet.

Dank all diesem technischen Spielzeug lernt das Kind, daß die Maschine für den Menschen arbeiten kann, daß viele Arbeiten durch die schnelle und unermüdliche Bewegung einer perfekt eingestellten Mechanik erleichtert werden. Solche Erfahrungen wird es seinen eigenen Kindern weitergeben, in der Form von vielleicht noch besser funktionierenden Spielsachen.

Eine der Grundlagen des Maschinenzeitalters mit all seinen Erfindungen ist der Bergbau. Von der Kohle und den Erzen, welche die Kumpel aus ihren Schächten an die Oberfläche befördern, hängt die ganze Metallindustrie ab. Der Beruf des Bergmanns ist denn auch als Spielzeug in all seinen Formen dargestellt worden: der Stollenbau mit seinen hölzernen Stützkonstruktionen, Abbau und Transport der Kohle in Förderkörben, die großen Leitern, welche in den Schächten in die Tiefe führten, und schließlich die Aufzüge, mit denen das Erz und die Bergleute ans Tageslicht geholt wurden.

Auf die Hochöfen, Gießereien und Walzwerke der großen Stahlkocher folgen die Maschinen, mit denen man Fertigprodukte herstellen kann. Auch sie gab es als Spielzeug: Maschinenhammer, Pressen, Drehbänke, Schleifmaschinen usw.

Daneben findet sich die Schmiede, in der das Eisen in der Esse glüht, deren Kohlefeuer von einem gewaltigen, mit dem Wasserrad angetriebenen Blasebalg angefacht wird. Hammer und Amboß stehen bereit, damit der rotglühende Block mit schnellen, geschickten Schlägen geformt werden kann.

FÜRIO!

Andere Herde und andere Feuer: Jetzt ist Löschen der Beruf.

«Wenn ich einmal groß bin, werde ich das Feuerwehrauto steuern. Und von der hohen Leiter aus werde ich mit der Rohrspritze das Feuer löschen!»

Schrecken und Faszination des zerstörerischen Feuers. Die Angst mischt sich mit der Bewunderung für den Mann, der sich beherzt ins Feuer stürzt und die vom Tod Bedrohten rettet.

Für viele hat die Entdeckung der thermodynamischen und mechanischen Prinzipien mit der Meisterung eines so komplexen Systems wie der Spielzeug-Dampfmaschine mit ihrem Heizkessel, den Ventilen und Manometern begonnen.

Spielzeug-Dampfmaschine mit Schwungrad, welche die notwendige Energie für den Antrieb verschiedener Maschinen lieferte: Steinmühle, Dampfhammer, Generator für die Stromerzeugung. Länge 55 cm. Handwerkliche Konstruktion von Heinrich Weiß, 1936–1939; Automatenmuseum, Seewen.

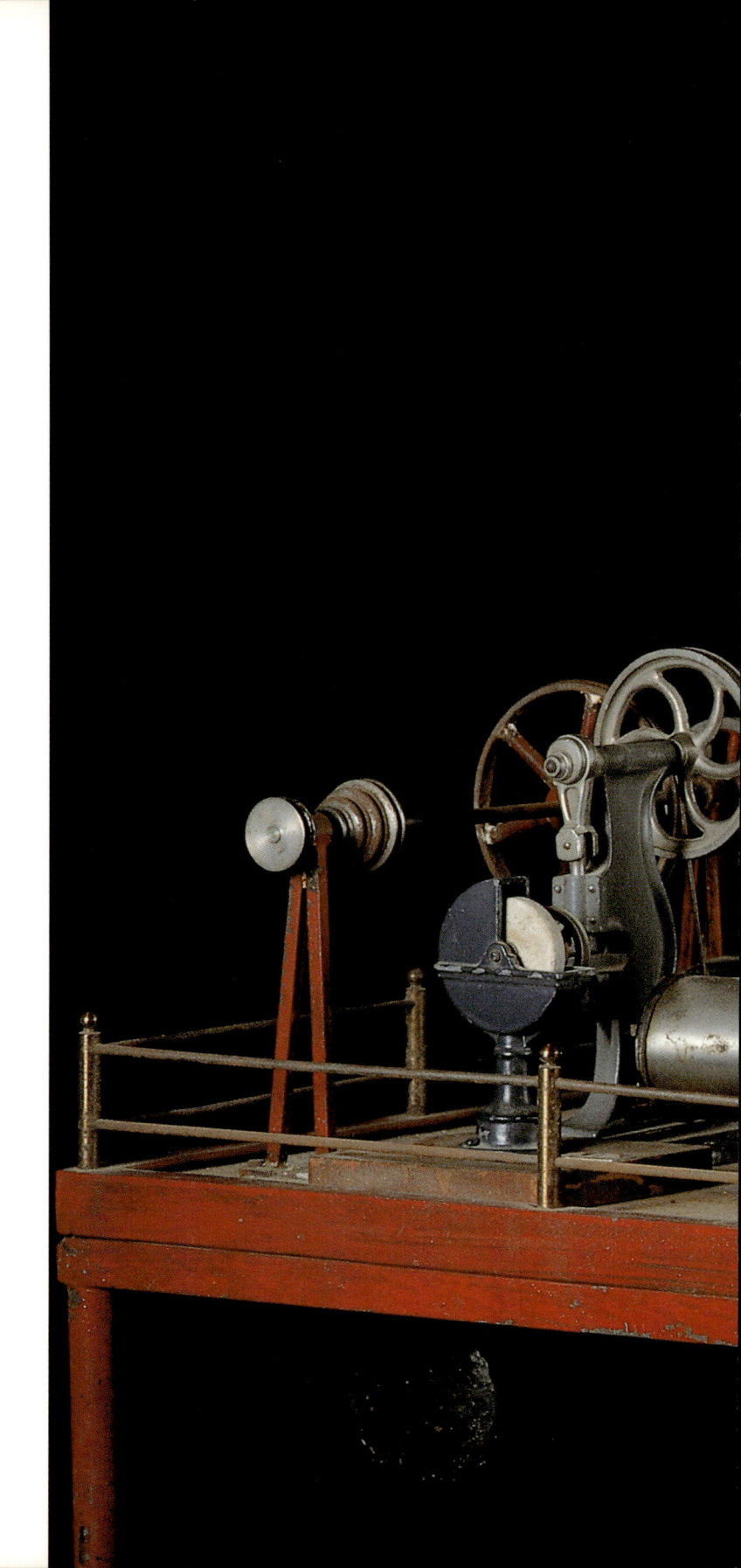

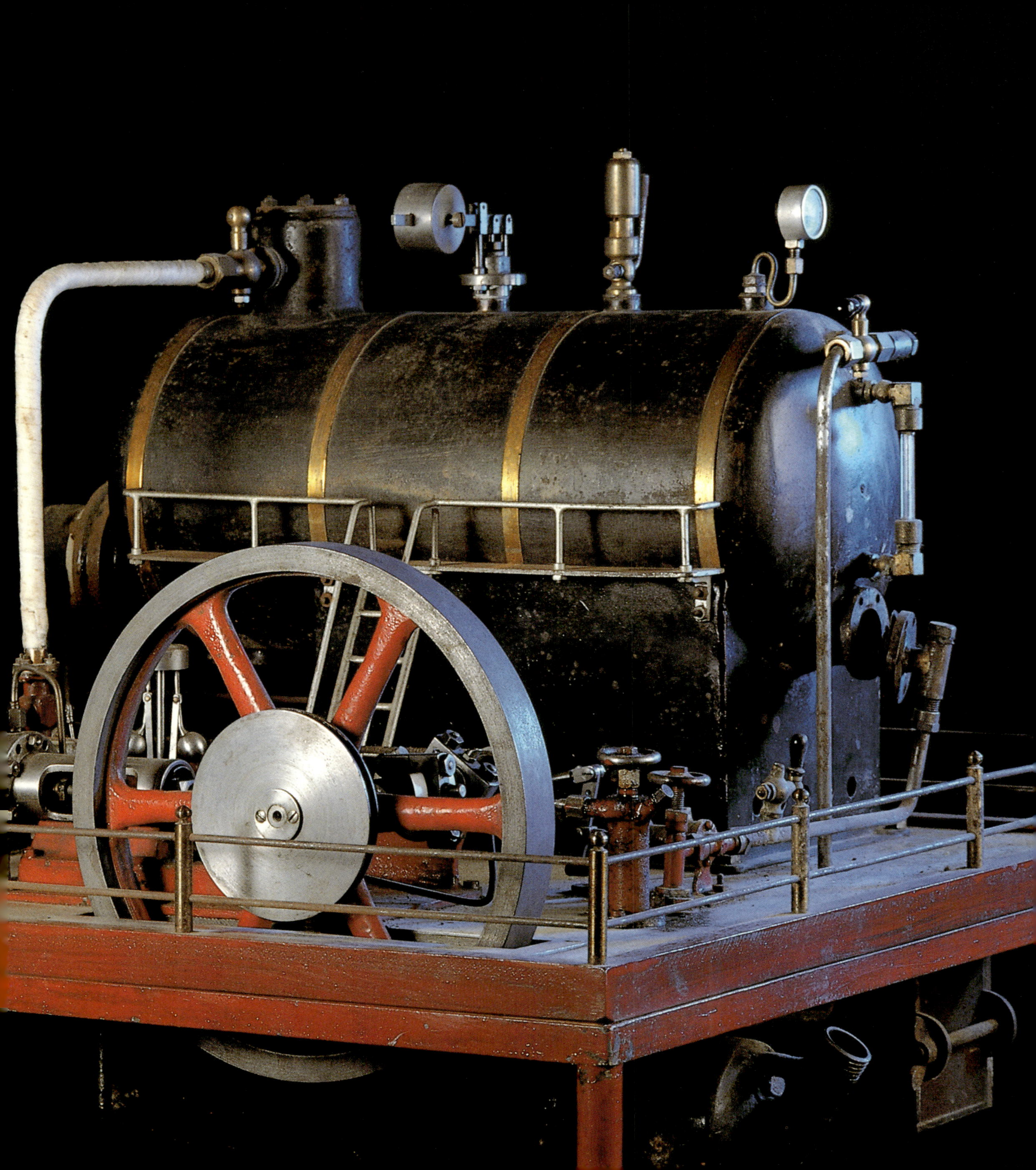

Eine solch dramatische Darstellung eines Feuerwehreinsatzes bedarf einiger Vorsichtsmaßnahmen... wenn sie realistisch genug ausfallen soll. Der Erfinder dieses Spielzeugs bewies zwar viel Phantasie, doch wohl kaum im Dienst einer Versicherungsgesellschaft.

Feuerwehrautos aus bedrucktem Blech mit verstellbarer Leiter, links ein Panhard von Jouet de Paris, 1930, rechts ein Renault von Charles Rossignol aus demselben Jahr. Collection Giansanti Coluzzi.

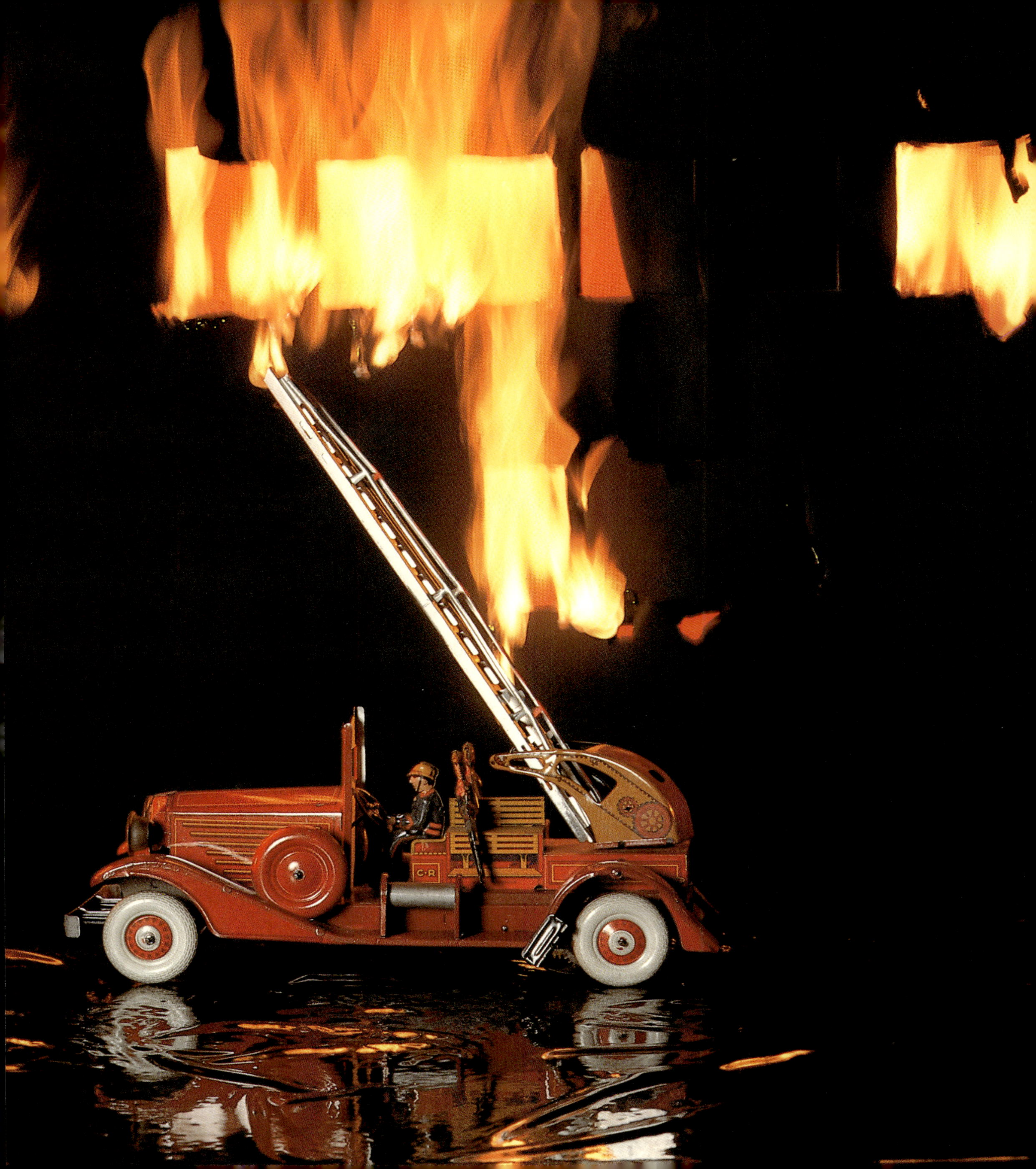
C·R

Claretie beschreibt ein Spielzeug, das er makaber findet: «Es heißt ‹Feuerwehr und brennendes Haus›. (...) Dabei handelt es sich um ein nettes kleines, einstöckiges Mietshaus mit drei Fenstern an der Straßenfront. Es brennt lichterloh. Bleierne Feuerwehrleute eilen herbei, mit der dampfgetriebenen Motorspritze, mit Leitern, Schläuchen, Kesseln und Handpumpen. Sie bahnen sich mit der Axt einen Weg, tragen in Tücher gewickelte Verwundete weg, und das Kind freut sich wie verrückt über das Treiben dieser tapferen, gestiefelten und behelmten Männer, die verängstigten Mieter, die Flammen, die aus den Dachfenstern züngeln. Es ist ein unwiderstehlicher Zeitvertreib, dessen Erfinder zweifellos keiner Versicherungsgesellschaft angehört.»

Das Feuerwehrauto erscheint häufig als Spielzeug, in immer wieder neuen Modellen, die genügen würden, um die Entwicklung der Feuerwehr seit der Motorisierung zu dokumentieren. Die roten Fahrzeuge mit ihren verschiedenen Manipulationsmöglichkeiten – Sirene betätigen, Leiter ausfahren, einen Feuerwehrmann hochklettern lassen, Schläuche ausrollen usw. – haben Kinder von jeher fasziniert. Besonders schöne alte Modelle haben Bing, Märklin, Kingsbury, Rossignol, Jouets de Paris und andere Marken herausgebracht.

HIER WIRD GEPFLEGT!

Bei einem Brand verwundet, von einem Auto angefahren, vom Fahrrad oder von der Leiter gestürzt: Verletzte gibt es täglich, und sie müssen von der Ambulanz in aller Eile ins Spital gebracht werden, wo der Doktor und die Krankenschwestern sie pflegen können.

Die ganze Spitalmannschaft ist angetreten, alles in Weiß gekleidet, die Instrumente für die Operation liegen bereit.

Wie oft hat sich doch das Kind diese Szene ausgemalt und seine Ärzte und Schwestern aus Zinn oder Blei aufgestellt, um ein behelfsmäßiges Hospital einzurichten. Wenn es einen Unfall oder einen ärztlichen Eingriff nachspielt, kann das Kind Situationen nochmals erleben, in denen es Schmerzen hatte, in denen man ihm weh tat: Erfahrungen, die es im Spiel verarbeiten muß. Als Arzt kann es sich rächen und seinen Kranken und Verwundeten dieselbe Behandlung angedeihen lassen.

Es verabreicht seiner Puppe oder einem Spielkameraden zum Schein zahllose Spritzen, wenn es nicht gar mit dem Spielzeughammer kräftig aufs kranke Knie haut... Um noch besser in die beneidete, respekterheischende Rolle des Herrn Doktors schlüpfen zu können, streift es dessen weiße Schürze über und hängt das Standeszeichen der Mediziner an die Ohren... das Stethoskop!

Zum Sortiment des medizinischen Spielzeugs gehört auch ein Miniaturskelett, das unser kleiner Praktiker braucht, um seinen Patienten genau zeigen zu können, welcher Knochen gebrochen ist und welche therapeutischen Mittel zu ergreifen sind: Operieren, Gips, längere Bettruhe.

Sobald dieser Entscheid gefällt ist, kann die Behandlung beginnen, die das Versuchskaninchen geduldig über sich ergehen läßt, wenn's die eigene Puppe ist. Oder das die wohlverdiente Rache auf den nächsten Rollentausch

*Kurzwarengeschäft mit Zelluloidpuppe. Länge 40 cm.
Keller, Paris, um 1900; Musée de l'Art de l'Enfance, Annecy.*

verschiebt, wenn es der Spielkamerad ist, der unter dem groben Doktor zu leiden hat.

All diese Spiele sind ideale Gelegenheiten, den Körper des andern zu entdecken, Unterschiede und Ähnlichkeiten festzustellen und so die eigene Körperlichkeit zu begreifen.

DER SCHULMEISTER

Als geborener Imitator spielt das Kind «Szenen aus der Schule» mit immer neuem Vergnügen. Dies um so mehr, als es nach Lust und Laune von einer Rolle zur andern wechseln kann: Lehrer, Rektor, guter Schüler, Faulpelz, Abwart... Endlich kann es tun und sagen, was während des Unterrichts verboten ist. Kinder spielen vor allem Schulsituationen, die sie nicht gut bewältigen. In der spielerischen Umsetzung können sie darüber lachen und sie vielleicht in Zukunft besser meistern. Als Lehrer tadelt das Kind den Schüler, der mit seinen Banknachbarn streitet, und brummt ihm Strafaufgaben auf. Die Schule ist ja einer der ersten Orte, wo sich alle Kinder einer Wirklichkeit anpassen müssen, die ihnen ihre eigenen Bedingungen auferlegt. Und da hilft das Spiel zweifellos manche schwierige Klippe zu umschiffen.

Nicht umsonst gibt es das Wort des bekannten belgischen Arztes und Kinderpädagogen Ovide Decroly: «Die ideale Schule? Eine Spielzeugfabrik!» Wenn wir ein Spielzeug-Schulzimmer der Jahrhundertwende genauer unter die Lupe nehmen, werden wir jedoch kaum Spielsachen entdecken. Der Schulmeister steht hinter seinem Pult und examiniert einen gehorsamen Schüler, der das Gelernte vor der Wandtafel aufsagt. Die andern Kinder hören zu, sittsam und anständig gekleidet in ihren Bänken sitzend. Exakt dem Idealbild der Schule entsprechend, das die Erwachsenen den Kindern vor Augen führen, um ihnen Anstand, Gehorsam, Ordnung und Sauberkeit einzutrichtern.

SCHÖNES, GUTES, BILLIGES

Er steht hinter seinem Ladentisch und beeilt sich, die Kunden zu bedienen, welche mit Spielzeuggeld bezahlen. Krämer, Trödler, Kurzwaren-

OPQRSTUVWXYZ
abcdefghijklmnopq
rstuvwxyz
EGYPTE
B D S O
H M W Z

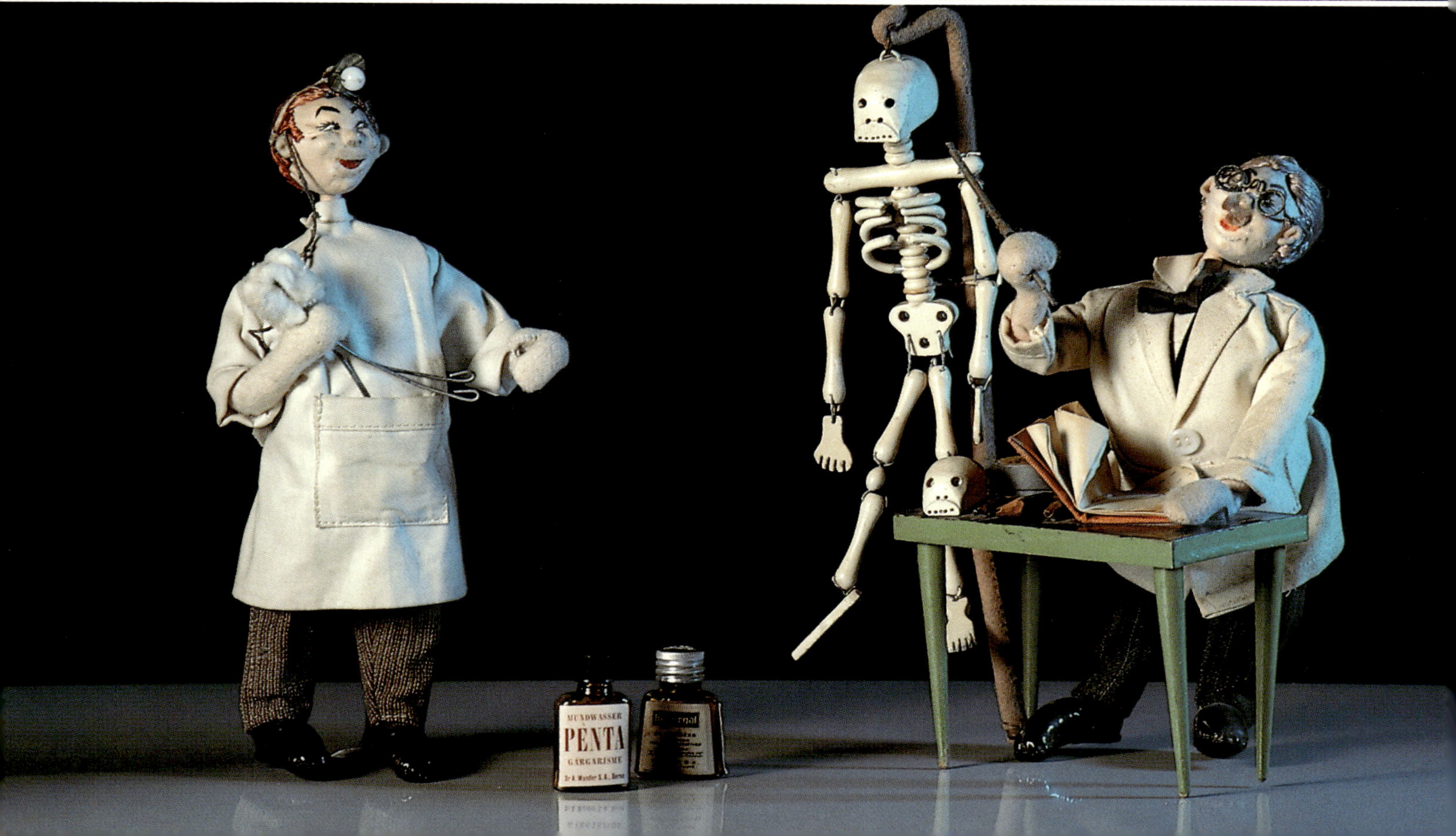
MUNDWASSER
PENTA
GARGARISME
Dr A. Wander S.A., Berne

verkäuferin oder Modistin, das sind einige der Händlerberufe, die in alten Spielzugläden dargestellt sind.

Kinder ahmen Händler verblüffend gut nach, finden den richtigen Ton und die angemessenen Gesten, haben doch die täglichen Einkäufe mit der Mutter zu ihren ersten Kontakten mit der Außenwelt gehört. Claretie beschreibt auch hier, wie er das Kind spielen sieht: «Es geht vor seinem kleinen Spezereiladen aus Karton vorbei, in dem einige Gläser mit Karamellen und Bonbons neben einer kupfernen Waage und Zuckerstöcken stehen, die zu seinem tiefen Bedauern aus Holz sind. Es tritt ein, bedient sich selbst, wägt ab und zahlt. Es spielt den Krämer, aber einen Krämer, der seine eigene Ware ißt, wenn er sie dem Kunden reicht.»

Der «Spielzeug-Spielzeughändler» verkauft Miniaturspielsachen, die auf Regalen säuberlich nebeneinander eingereiht auf kleine Käufer warten. Der Trödlerladen wiederum enthält in einem unglaublichen Durcheinander eine Vielzahl von Miniaturgegenständen: Spielsachen, die auf fiktive Käufer warten. Jedes von ihnen zeugt in gewisser Weise vom Geschmack seiner Zeit.

Um das Modegeschäft auszustatten, räumt das Kind sorgfältig Stoffröllchen und Fadenspulen in die Regale ein. Die mit Blumendekor bemalte Nähmaschine steht auf dem Tisch, wo weder Fingerhut noch Knöpfe fehlen. Das soeben kreierte Modellkleid wird auf einer Modepuppe präsentiert. Es verleiht der kleinen Boutique einen Hauch des Besonderen und lockt elegante Damen auf der Suche nach Modischem an.

Ohne Übergang oder vielleicht, weil ihm die Kundin zu unentschlossen ist, wechselt das Kind in eine andere Rolle, einen andern Beruf.

DUMME BERUFE GIBT ES NICHT

Manche Berufe haben die Spielzeugfabrikanten nur von ihrer komischen Seite her dargestellt, mit dem einzigen Ziel, das Kind zum Lachen zu bringen. So hat der französische Hersteller Fernand Martin das Thema der Berufe in seine mechanischen Spielsachen aus Blech und Stoff aufgenommen. 1878 hat er seinen Betrieb in Paris eröffnet. Das Anschauungsmaterial für seine Objekte lieferte ihm der Pariser Alltag, den er auf seinen Fahrrad-Streifzügen mit einem Kodak-Fotoapparat festhielt.

Er verstand es, seinen Spielzeugmännchen, den «petits bonhommes», Leben und einen naiv-romantischen Charme zu verleihen. Diese mechanischen Spielsachen wurden bei verschiedenen Ausstellungen mit Gold- und Silbermedaillen ausgezeichnet. In ihrer Blütezeit fertigte die Fabrik Martin jährlich bis zu achthunderttausend solcher Figuren. Von jedem Modell schenkte Fernand Martin ein Exemplar dem Pariser Musée des Arts et Métiers, wo die

---

Und der Reigen der Berufe dreht sich weiter, in spielerischem Geist…

Schulmeister mit Mädchenklasse. Porzellanköpfe, Originalkleider. Schulzimmer und Einrichtung aus Holz. Länge 47 cm. Herkunft unbekannt, Anfang 20. Jahrhundert; Sammlung F. C. Weber.

Medizinprofessor und Student. Gliederpuppen aus bemaltem Holz. Herkunft unbekannt, wahrscheinlich Schweiz, um 1920; Kindermuseum Baden.

Der Haarkünstler. Blechspielzeug mit Federwerkantrieb. Höhe 20 cm. Fernand Martin, Frankreich, um 1905; Collection G. Reuge.

Sammlung noch heute bewundert werden kann. Nach seinem Tod, 1919, übernahm Victor Bonnet die Lagerbestände und führte die Produktion weiter.

Im Martin-Katalog werden neben Tieren, Autos und andern Gegenständen eine Fülle von Spielzeugmännchen und -frauen angeboten, populäre Automaten, die in wenigen Bewegungen eine Tätigkeit ihres Berufes darstellen. Der Koch bewegt seine Zunge, während er eine Karotte schält. Der Advokat verteidigt mit dramatischen Gesten seinen unschuldigen Klienten. Der Schweinehirt treibt seine Sauen an; der Bauer schwingt seinen Stock, und die Tiere gehen auf ihren beweglichen Beinen. Der kleine Klavierspieler wird von einer Musikdose angetrieben, die im Piano eingebaut ist. Der Maroniverkäufer bewegt den Kopf, während seine Hände über der heißen Pfanne hantieren: Es fehlt nur noch der Duft des Röstens, und man könnte sich auf die Straße versetzt glauben.

Die Waschfrau quält sich mit der schmutzigen Wäsche auf ihrem Waschbrett ab; die Müdigkeit ist nach einigen Umdrehungen mit dem Schlüssel wie weggeblasen. Und eine kleine Putzteufelin wischt mit ihrem Besen unermüdlich hin und her, auch wenn längst keine Spur von Schmutz mehr zu sehen ist.

Als Spiegel des Berufslebens prägen all diese Spielsachen in mehr oder weniger starkem Ausmaß die Vorstellung, die sich das Kind von den verschiedenen Berufen macht... und bestimmen damit vielleicht die eigene Berufswahl voraus.

Würden sich Kinder von heute in einem solchen Spezereiladen wohlfühlen?

Krämerladen aus Holz. Länge 30 cm. Deutschland, 1880; Sammlung F. C. Weber.

Süss & Co.
Colonial- und
Spezereiwaren

Der Trödelladen von Fräulein Violette. Alle Möbelchen, Preziosen und Dekorelemente sind unglaublich exakt und fein gearbeitet. Wen erstaunt's, daß solche Kunstwerke außerhalb der Reichweite kleiner Museumsbesucher aufgestellt sind?

Porzellanpuppe und Miniaturgegenstände aus dem 19. und der ersten Hälfte des 20. Jahrhunderts; Spielzeugmuseum Riehen.

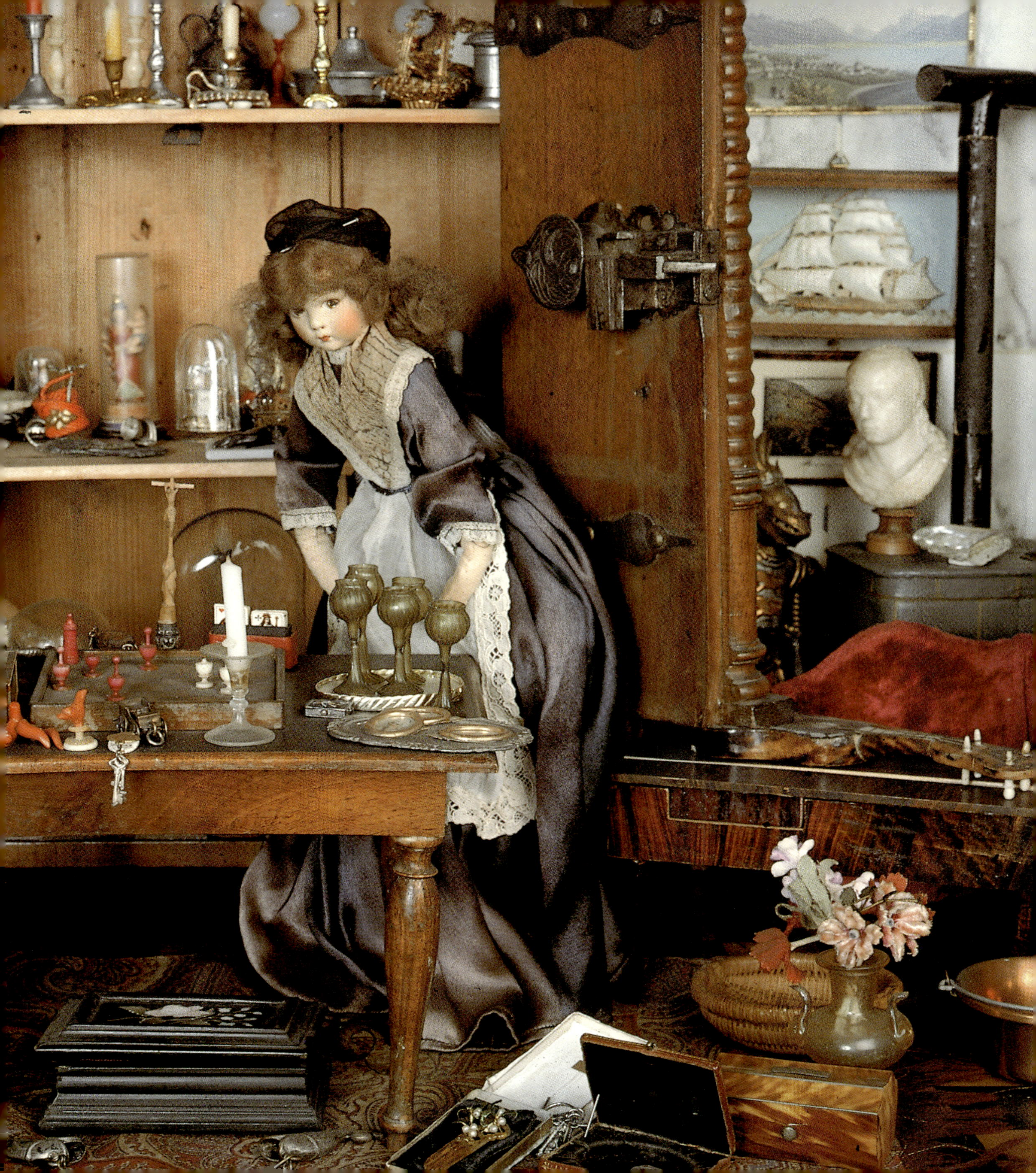

5
SPIELZEUG UND GESCHICHTE

Bilderbogen zum Ausschneiden sind auch heute noch beliebte Spielsachen. In früherer Zeit waren vor allem Militaria-Bogen im Schwange, mit allen Figuren, um beispielsweise die großen Schlachten der napoleonischen Zeit nachzuvollziehen.

Napoleon und seine Truppen. Gedruckt bei Nisse-Croix, Lille, 1930; Musée de l'Art de l'Enfance, Annecy.

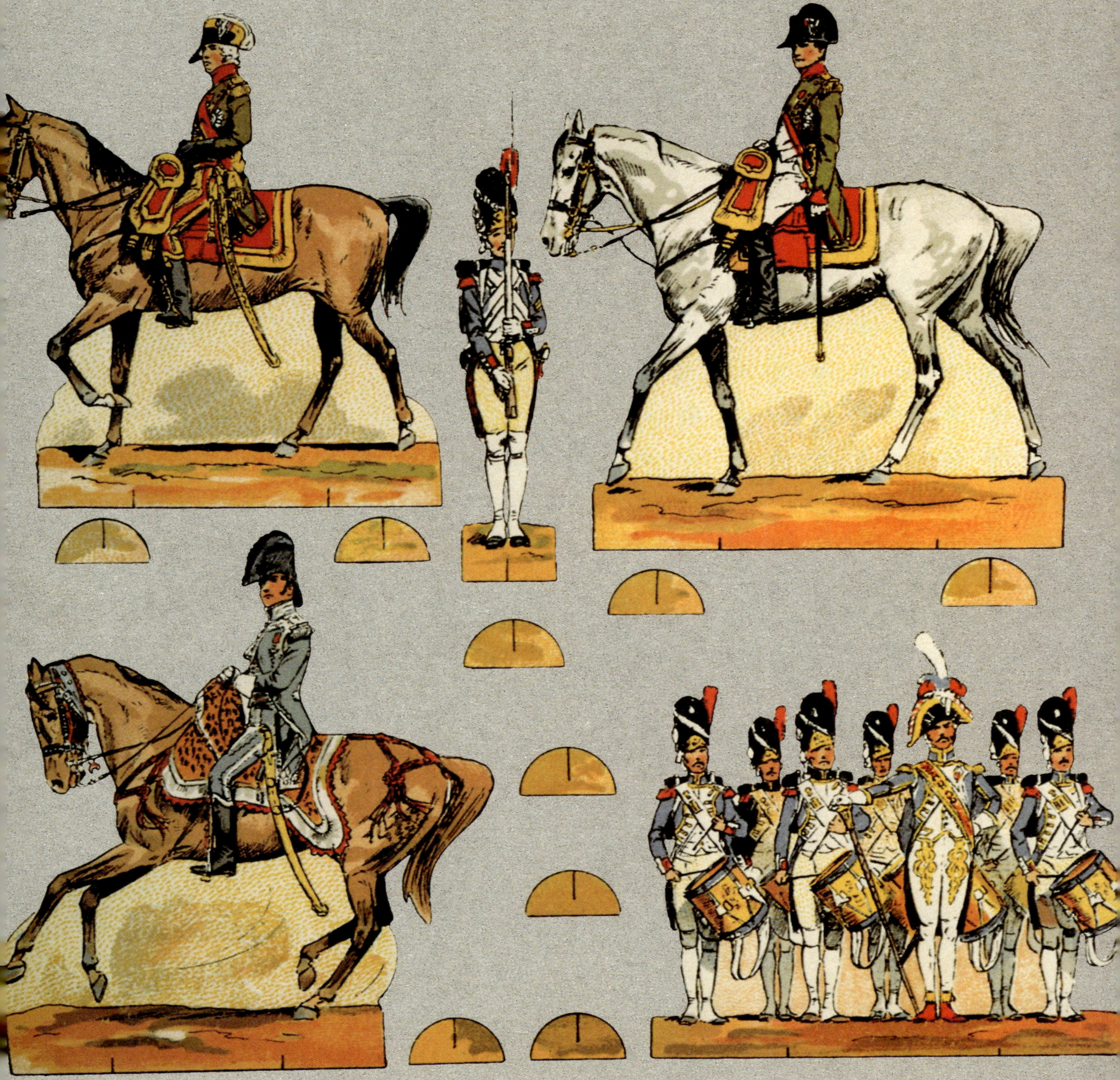

Spielzeug ist immer auch ein Abbild der Geschichte. Und zwar ein ebenso geschwätziger wie manchmal entlarvender Spiegel, der alle Hintergründe der jeweiligen Kräfteverhältnisse offenbart. Im Spielzeug passieren die Gestalten Revue, welche Geschichte machten und mit denen Geschichte gemacht wurde, vom Kaiser zum einfachen Füsilier, vom römischen Legionär zum Siouxhäuptling.

Das Spielzeug zeigt die Uniformen, die Bewaffnung, die Feldlager. Es vergißt weder Harnisch und Geschirr der Pferde noch die Spieße der Kreuzritter und die Feldzeichen der Regimenter. Es feiert das martialische Gehabe der Generäle, Kühnheit und Mut der Husaren, Beweglichkeit und Feuerkraft von Panzern und Kriegsmaschinen aller Art.

Die Epochen und Kriege der Geschichte haben im Spielzeug ihre Spuren hinterlassen. Im Spielzeug finden wir die Festungen und Schützengräben des Ersten Weltkriegs ebenso wie mittelalterliche Burgen mit ihren Wehrmauern. Es erinnert an den Tod eines Helden, indem es ihn sterbend in den Armen seiner Waffenbrüder zeigt, und es geht tapferen Infanteristen mit wehender Fahne voran in die Schlacht.

Mit solchem Spielzeug kann der Erwachsene dem Kind geschichtliche Ereignisse so wirklichkeitsgetreu wie nur möglich vor Augen führen. Er erzählt ihm die Geschehnisse, und wenn das Spiel dadurch an Spannung gewinnt, verliert es vielleicht einen Teil seiner Unschuld. Denn nun kann das Kind, allein oder mit Kameraden, die großen Schlachten, die es am meisten beeindruckten, nach Belieben nochmals austragen. Im Kriegsspiel erlebt das Kind die Vergangenheit als Gegenwart. Als Späher oder General macht es sich auf in eine glorreiche Zukunft. Fasziniert von Uniformen, möchte es die kühnen Taten seiner Helden nachvollziehen.

SPIEGEL DER ZEIT

Die Darstellung geschichtlicher Ereignisse ist wohl nicht viel jünger als diese selbst. Das Abbild des Kriegers mit seiner Rüstung als Symbol des Kampfes findet sich in ältester Zeit, auf Wandbildern, aber auch als plastische Figurine in Holz, Ton oder Metall. Möglicherweise handelte es sich bei solchen Darstellungen um Kultobjekte. Doch es ist ebensogut möglich, daß sie als Spielzeug die Kinder erfreuen und gleichzeitig mit dem Waffenhandwerk vertraut machen sollten.

Der römische Geschichtsschreiber Sueton (um 70 bis nach 140 n. Chr.) berichtet vom «Trojanischen Spiel», einem Holzpferd, in dem man Figürchen verstecken konnte, die Odysseus und seine Kampfgefährten darstellten.

Seit dem 17. Jahrhundert hergestellte griechische und römische Soldaten erinnern an große Schlachten der Antike: den Kampf Alexanders des Großen gegen die Perser, Hannibal und seine Elefanten gegen die Römer, die Eroberungen Julius Cäsars in Gallien.

Auch Darstellungen großer Gestalten des Mittelalters finden sich, vor allem Karl der Große und die Jungfrau von Orléans an der Spitze ihrer Soldaten.

Einige erhaltengebliebene Puppen aus dem späten 15. Jahrhundert stellen Krieger dar, die wie Marionetten zu handhaben waren. Ihre Fertigung hielt sich aber in beschränktem Rah-

Bilderbogen aus Épinal mit Uniformen der französischen Armee (Ausschnitte). Pellerin, Frankreich, Ende 19. Jh.; Musée de l'Art de l'Enfance, Annecy.

men. Erst im 17. Jahrhundert wurden dann Spielzeugsoldaten für die militärische Ausbildung der Prinzen eingesetzt.

So erhielt der mit neun Jahren gekrönte französische König Ludwig XIII. von seiner Mutter, Maria de' Medici, eine Armee von dreihundert Silbersoldaten. Der Sonnenkönig, Ludwig XIV., erbte die Spielzeugtruppe und ergänzte sie, mußte sie dann aber gegen Ende seiner Regierungszeit einschmelzen, um die Staatskasse zu füllen, die vor allem kostspielige Kriege geleert hatten. Für seinen Sohn ließ er in Nürnberg eine Festung mit beweglichen Soldaten herstellen, die allerhand Übungen vorführen konnten; eine Kanone dieser Anlage im Garten des Palais-Royal funktionierte mit richtigem Schießpulver.

Ludwig XIV. verfügte außerdem über zwanzig Schwadronen Berittene und zehn Bataillone Soldaten aus Karton, die von Meistern ihres Faches gefertigt worden waren, aber leider verlorengegangen sind.

Bereits im 17. Jahrhundert druckten die Leipziger Kupferstecher Bilderbogen mit Husaren und Dragonern. In Frankreich blühte die Herstellung von papierenen Soldaten vor allem in Straßburg, und zwar dank dem Drucker Seyfried. Beeindruckt von den Truppen, welche Ludwig XV. bei einem offiziellen Besuch begleitet hatten, publizierte er Erinnerungsbilderbogen über das Ereignis, und angesichts des Verkaufserfolgs machte sich auch die Konkurrenz ans Werk. Straßburg wurde so in gewisser Weise die Hauptstadt der Papiersoldaten: Rodolphe Silbermann druckte zeitweilig pro Jahr nicht weniger als 130 000 Bilderbogen.

In den Vogesen wurden vom ausgehenden 18. Jahrhundert an die Brüder Pellerin und später andere Drucker der Region durch die sprichwörtlich gewordenen Bilderbogen von Épinal berühmt: Birnbaum-Stirnholzstiche, mittels Schablonen koloriert, die von Hausierern bis in die abgelegensten Weiler und Höfe gebracht wurden.

Bekannt sind auch Hampelmänner aus Karton, die Politiker humoristisch oder karikierend darstellten. Und selbst die gekrönten Häupter Europas mußten als Vorlage für Papierfigürchen zum Ausschneiden herhalten.

Während der Französischen Revolution illustrierten zahlreiche Spielsachen aus Holz und Karton die herausragenden Ereignisse dieser bewegten Epoche. Man brachte sogar Spielzeugguillotinen auf den Markt, die zum Glück so klein waren, daß sie keinen Schaden anrichten konnten.

DIE BLEIMILIZ

Zinn- und Bleisoldaten, für eine eher wohlhabende Kundschaft gedacht, wurden in Nürnberg, wo man solche Figürchen seit dem Mittelalter fertigte, in Unmengen gegossen. Johann Gottfried Hilpert, der Vater des Zinnsoldaten, steht am Anfang einer besonderen Spezialität des Zinngusses: flacher Figürchen, die mit angegossener Fußplatte aufgestellt werden können.

Die Figürchen von wenigen Millimetern Stärke wurden in Lehmformen gegossen. Ernst Heinrichsen, ein anderer Hersteller, setzte dann Standardgrößen für die Nürnberger Miliz durch: 30 Millimeter von Kopf bis Fuß für Infanteristen, 40 Millimeter für die berittene Truppe. Die Zinnsoldaten wurden metallfarben oder bemalt verkauft. Der Ruhm Nürnbergs lockte andere Gießer an, welche die Fertigung von Zinnsoldaten erlernen wollten. So arbeitete der Deutsche Gottschalk anschließend an seine Lehre bei Martin Beck in Aarau als Geselle in Nürnberg, offenbar bei Hilpert, bevor er wieder nach Aarau zurückkehrte und die Tochter seines früheren Meisters heiratete. Sein Schüler J. R. Wehrli absolvierte dieselbe Ausbildung und machte sich dann selbständig. Beiden sind die zu Ende des 18. Jahrhunderts berühmt gewordenen «Aarauer Zinnkompositionsfiguren» zu verdanken, die aus einer Zinnlegierung bestanden.

Um dieselbe Zeit begann der französische Gießer Lucotte eine Serie Bleisoldaten in den Uniformen der französischen Armee herauszugeben. Wie bei der heutigen Bleisatzlegierung wurde dem Blei zur Härtung vor allem Antimon zugesetzt. 1838 gründeten die Teilhaber Cuperly, Blondel und Gerbeau eine Firma, die unter dem Markenzeichen C. B. G. berühmt wurde. Hier arbeitete neben Lucotte auch der Gießer Mignot, der verschiedene geschichtliche und militärische Bleifigürchen schuf. Diese französischen Kunsthandwerker spezialisierten sich auf plastische, dreidimensionale Hochrelief-Figuren, während man in Nürnberg die nur wenige Millimeter starken Flachrelief-Formen bevorzugte.

Kriegsspiele haben ihre Ruhmesstunden auf den Schlachtfeldern der Bleisoldaten erlebt, nachdem sie zuvor schon um die Welt gereist waren. Denn die Chinesen, Inder und andere Völker haben solche Manöver gekannt, lange bevor Spiele mit exakten Regeln aufkamen, wie im «Kriegsspiel» des preußischen Offiziers v. Reißwitz oder im «War Game» von Wilkinson.

DER KANONENMENSCH

Die farbenprächtigen Uniformen und immer gewaltigeren Geschütze des Deutsch-Französischen Kriegs von 1870/71 führten zu einer neuen Welle in der Fabrikation von Kriegsspielzeug. Claretie besuchte einige Jahre später die Heimwerkstatt eines Spielzeugbauers, der von seinen Nachbarn nur «l'homme-canon» genannt wurde: «Er macht Spielzeugkanonen für Kinder, die mit Zündblättchen geladen werden können, und ist ein freundlicher Herr mit lebhaften Augen, grauem Bart, offenem, schmutzigem Hemd und dem Akzent des Südfranzosen. Seine viel jüngere Frau arbeitet ebenfalls mit und trägt eine blaue Schürze. Diese Leute bauen prächtige bronzene und vergoldete Kanonen, deren Rohre aus dem Durcheinander von Werkzeugen, Nägeln, Federn und Feilspänen aufblitzen. Eine Vertiefung beim Verschluß nimmt das Zündblättchen auf; ein Stab, der durch die Lafette nach oben führt, löst den Hammer aus; das Geschoß läßt sich von der Mündung her laden. Es ist ein auffallendes

Spielzeug, das etwas hermacht. Das dicke bronzene Rohr ruht auf den Schildzapfen der eleganten, langgezogenen grünen Lafette aus Holz, die mit dünnen Blechplättchen beschlagen und an den Munitionswagen gekoppelt ist. Von der Decke der Werkstatt hängen die Räder in Trauben herab. Die Frau setzt die Achsen zusammen und nagelt sie fest, bringt die Blechverzierungen an, kurz, sie macht das, was sie mit fröhlichem Lachen den ‹Kleinkram› nennt. Der Mann bohrt die Verschlüsse, montiert den Schlaghammer, sorgt für das richtige Spiel der Ringe, dreht die Scheiben, Schrauben und Trommeln. Auf der Werkbank steht eine kleine Prägemaschine, das Prunkstück der Bude, das er in Raten abgezahlt hat.»

Gußform für Zinnfigur in Halbrelief. Höhe 7 cm. Deutschland, Ende 19. Jh.; Collection Arhisto, Payerne.

VOM HANDWERK ZUR INDUSTRIE

Die industrielle Revolution führte auch bei der Herstellung von Kriegsspielzeug zu tiefgreifenden Veränderungen. Sie «demokratisierte» es gewissermaßen, indem die Preise dank Massenproduktion gesenkt werden konnten. Da sie darüber hinaus eine immer wirklichkeitsgetreuere Wiedergabe ermöglichte, nahm man erneut die großen geschichtlichen Themen auf und stellte sie mit all ihren Protagonisten und deren Bewaffnung dar.

Nach der Eroberung des Westens und dem Kampf zwischen Bleichgesichtern und Indianern befruchtete der amerikanische Bürgerkrieg (1861–1865) die Phantasie einiger Generationen. Die Generäle Grant und Lee, die Konföderierten- und die Unionstruppen ebenso wie General Washington haben ihre Schlachten nachträglich noch unzählige Male ausgefochten, diesmal befehligt von Kindern, die von den Weiten der Prärie und der Schießkunst der Cowboys träumten.

Zu Beginn des 20. Jahrhunderts setzte der englische Fabrikant William Britain alljährlich rund fünf Millionen solcher amerikanischer Soldaten ab. Die von ihm gefertigten Serien bestehen aus hohlen Hochreliefiguren, Geschützen mitsamt Kanonieren sowie Munition und anderem mehr.

In Deutschland wird Max Haußer mit seinem Spielzeug aus Blech und aus Elastolin bekannt. Aus diesem Material, einer Mischung aus Zement, Sägemehl und Leim, lassen sich äußerst leichte und relativ billige Spielsachen gießen.

In Frankreich geht die Industrialisierung der Spielzeugherstellung voran, die immer mehr handwerkliche Betriebe zur Aufgabe zwingt, da diese mit der Massenproduktion nicht Schritt halten können.

Besuchen wir nochmals mit Claretie eine solche industrielle Werkstatt der Jahrhundertwende: «Hier lötet man die Soldaten-, Pferde- und anderen Hälften zusammen, so daß daraus ganze, hohle Figuren entstehen; diese steckt man auf ein grünbemaltes Bleiplättchen, das ein Stück Blumenwiese darstellen soll. Ein behelmter und bewaffneter Reiter kommt mitsamt Dekor, Gradabzeichen, Pferd und dem Stück Boden, auf dem er dahergaloppiert, ungefähr auf einen Sou (fünf Rappen) zu stehen. Wie groß muß der Absatz sein, um einen so günstigen Preis zu ermöglichen? (...) Wir sind jetzt in der Bleigießerei, in der es viel zu sehen gibt. Man gießt hier verschiedene Gegenstände, Räder, Kanonen, Kerzenleuchter, Matrosen, Soldaten, Bäume usw. Kleine Räder werden in Serie gegossen; sie sind durch eine Art Grat verbunden, der vor dem Bemalen abgefeilt werden muß. Fast alle Gußstücke werden so in größerer Stückzahl aufgereiht gegossen, wie mehrfach gekoppelte Stecker. Ein Gußstück, das einem Kamm gleicht, besteht in Wirklichkeit aus einem Dutzend Löffelchen, die später auseinandergenommen werden. Und dieses andere, das durchaus wie ein siebenarmiger Kerzenleuchter aussieht, ist nur ein Paket von Gewehren, die später zerlegt und einzeln auf die Schulter der tapferen Füsiliere gelötet werden. Bei den einen Gewehren ist das Bajonett auf den Lauf gesetzt, bei andern klebt vorn eine Art Schmutzfleck: Es sind eben abgefeuerte Waffen, und der Fleck ist der Pulverrauch. Es braucht zwei getrennte Güsse für die beiden Gewehrarten. Wieder ein anderes Stück erinnert irgendwie an Fransen oder an einen Fries für ein prächtiges Dach: In Wirklichkeit sind es fünfzehn Federbüsche, die später die Helme englischer Husaren schmücken. Dann sind da noch Kanonen, Bäume von ziemlich naiver Form, die den regelmäßig geformten Eiben auf den verzierten Rändern alter Meßbücher gleichen, mit vergoldeten Kleeblüten in Fünferanordnung, kurz, Bäume von Präraffaeliten. Aber auch Matrosen und Soldaten in Vollguß, wobei letzterer Ausdruck offenbar nur eine Redensart ist. Denn wenn man eine Bleifigur gießt, erkaltet die Außenseite schneller als die Mitte, und sobald man annehmen kann, daß eine ausreichend dicke Schicht erstarrt ist, gießt man das noch flüssige Blei aus der Mitte zurück, indem man die Form wendet, was beträchtliche Materialersparnisse bringt, ohne der Freude der Kinder groß Abbruch zu tun.»

DIE SEESCHLACHT

Kämpfe werden nicht nur auf dem Land ausgefochten. Kriegsschiffe haben im Arsenal der Streitmächte einen bevorzugten Platz. Kleine wie große Siege wurden zur See errungen. Und wie in allen andern Bereichen haben die Spielzeugfabrikanten diese maritimen Heldentaten als Vorbilder für ihre Modelle genommen. Einbäume, Wikingerschiffe, stolze Segler mit mächtiger, komplizierter Takelage und Bewaffnung haben die Kinder und nach ihnen die Sammler seit eh und je entzückt.

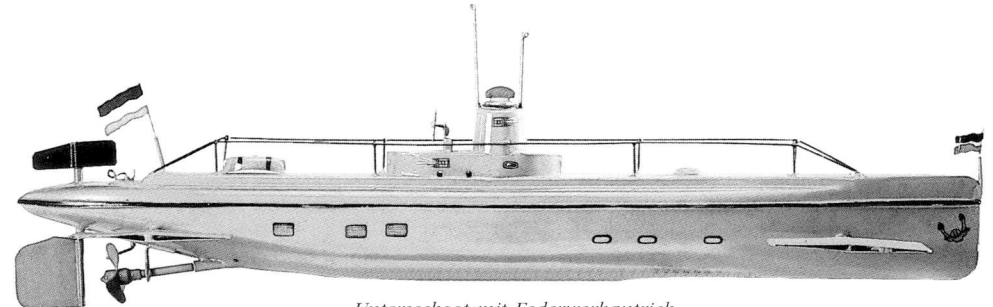

*Unterseeboot mit Federwerkantrieb.
Länge 56 cm. Märklin, Deutschland, um 1925; Collection Giansanti Coluzzi.*

Der deutsche Kaiser Wilhelm II. soll einmal in Berlin in einem Spielzeuggeschäft entsetzt ausgerufen haben: «Was? Sie haben keine Unterseeboote? Das müssen Sie doch einfach führen, die deutsche Jugend muß lernen, daß die deutsche Flotte unbesiegbar ist und sich die Zukunft nicht nur auf, sondern auch unter dem Wasser entscheidet!» Die Anekdote schweigt sich darüber aus, ob die deutschen Spielzeugfabrikanten dem kaiserlichen Wunsch unverzüglich nachgekommen sind. Fest steht jedoch, daß Märklin zahlreiche Unterseeboote mit Antrieb auf den Markt gebracht hat, die sich erfolgreich verkauften.

In der Zeit vor dem Ersten Weltkrieg wird in allen Waffengattungen gewaltig aufgerüstet, und den Herstellern von Kriegsspielzeug steht ein ganzes Arsenal neuen Kriegsgeräts zur Verfügung, das sie nach Herzenslust nachahmen können. Die ersten Militärautomobile mit aufmontierten Maschinengewehren halten ebenso Einzug wie immer größere Geschütze und die ersten Panzer.

Nach diesem mörderischen Völkerringen schließen die Kriegsparteien den Frieden von Versailles. Deutschland wird darin nicht nur jede Rüstung verboten, auch die Herstellung von «Emblemen des preußischen Militarismus» ist untersagt. Das trifft einen großen Teil der deutschen Spielzeugindustrie im Kern, vor allem die Zinnsoldatenfabrikation in Nürnberg, die sich davon nie mehr richtig erholt.

Die Firma Märklin allerdings stellt auf andere Modelle um und kann damit an ihre früheren Erfolge anknüpfen. So gelingt es ihr, unter anderem eine Reihe von exakten Miniaturkopien richtiger Geschütze herzustellen, die Gummibällchen verfeuerten.

Panzer mit ihren Drehtürmen und furchteinflößenden Kanonen bieten sich dem Kind als machtvolle Gefährte an, mit denen es in der Phantasie den Feind zermalmen kann. Die Verwundeten werden von Ambulanzwagen eingesammelt und in Feld- oder Zivilspitäler gebracht, die durch die Flagge mit dem roten Kreuz beschützt sind. Während des ganzen Zweiten Weltkriegs werden laufend leistungsfähigere Waffensysteme und Kampfpanzer mit immer größerer Feuerkraft an die Front geschickt. Mit der Landung der amerikanischen Truppen entdeckt Europa deren beeindruckende Kriegsmaschinerie: Lastwagen, Panzer, Jeeps, die ein zweites Mal als Sieger die bereits gut bestückten Arsenale der Spielzeugläden erobern.

Der Siegeszug des Kunststoffs in der Spielzeugfabrikation der Nachkriegszeit erleichtert auch die günstige Massenproduktion von Spielzeugwaffen in natürlicher Größe: Revolver, Maschinengewehre usw.

Der Streit zwischen Gegnern und Befürwortern von Kriegsspielzeug geht weiter. Die einen glauben, es löse beim Kind Gewalttätigkeit aus, die andern sind im Gegenteil der Ansicht, es könne eine Aggressivität abbauen, die sonst gewisse kriegerische Neigungen fördere. Gewiß ist nur, daß Kriegsspielsachen wie jede Art Spielzeug dem Bild der Gesellschaft entsprechen, die sie hervorbringt.

Laien sprechen oft unterschiedslos von Zinnsoldaten und Bleisoldaten. Doch unabhängig von der Metallegierung hat sich in der Fachwelt der Brauch durchgesetzt, Figuren in vollplastischem, dreidimensionalem Hochrelief als Bleisoldaten, Flachrelief-Darstellungen im Profil als Zinnsoldaten zu bezeichnen.

Von oben nach unten und links nach rechts:

Goumiers (Einheit aus Nordafrikanern) und Jäger der französischen Afrika-Armee (1900–1914). Hochrelief-Bleisoldaten. Höhe 75 mm. C. B. G., Mignot, Frankreich; Collection Arhisto, Payerne.

Freiburger Gendarm und Übeltäter, Anfang 19. Jh.; Sappeur und Pfeifer des Freiburger Kontingents. Höhe 54 mm. Schweizer Zinnsoldaten von Forster und Wart, 1804; Collection Arhisto, Payerne.

Preußischer Husar von 1870. Halbrelief-Bleisoldat. Höhe 75 mm. Gußform Schneider, Leipzig, um 1900; Collection Arhisto, Payerne.

Berner Artilleristen von 1830, mit Valée-Schildhaus und -Kanone. Hochrelief-Figuren. Höhe 54 mm. J.-P. Feigly, Paris; Collection J.-P. Schulé, Payerne.

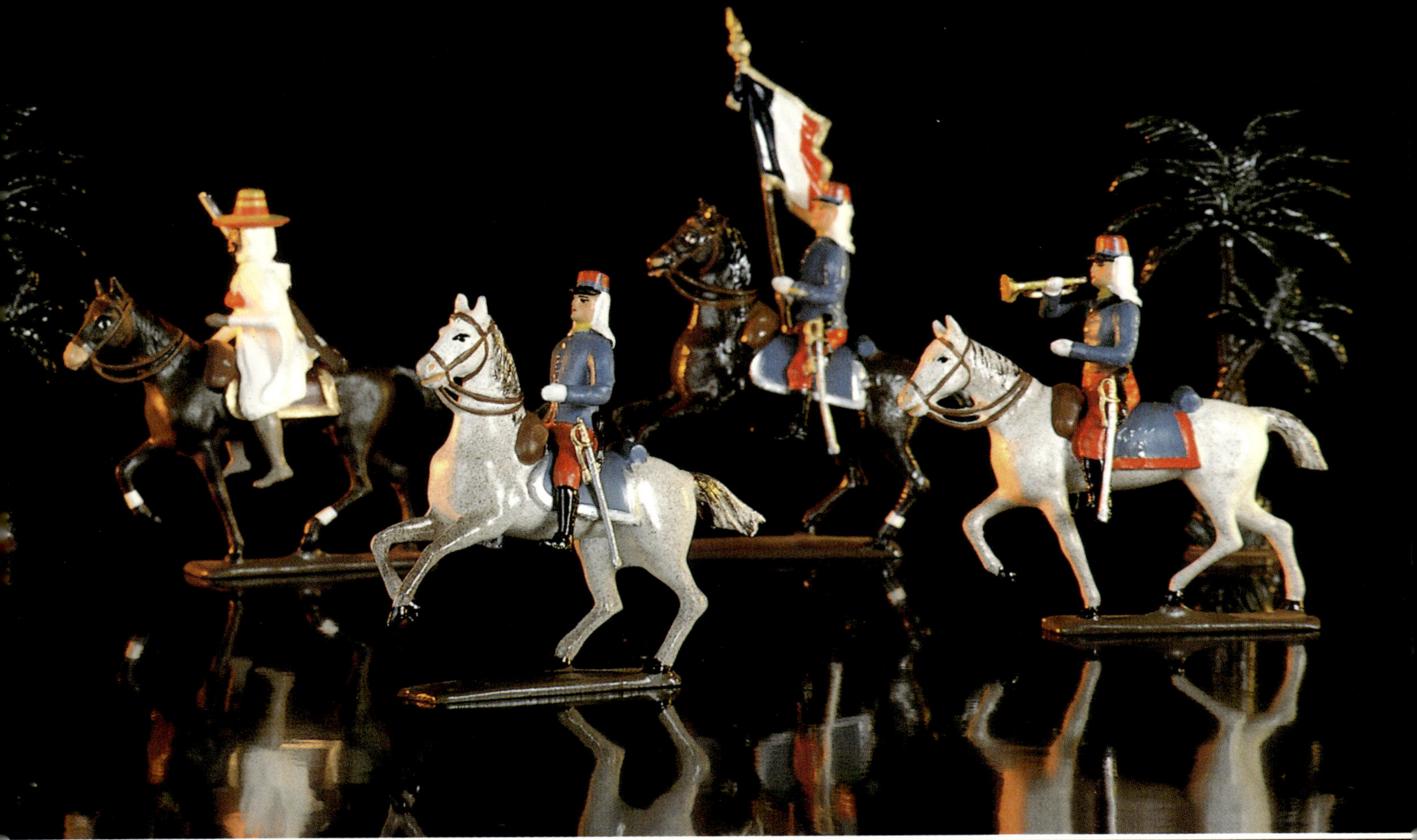

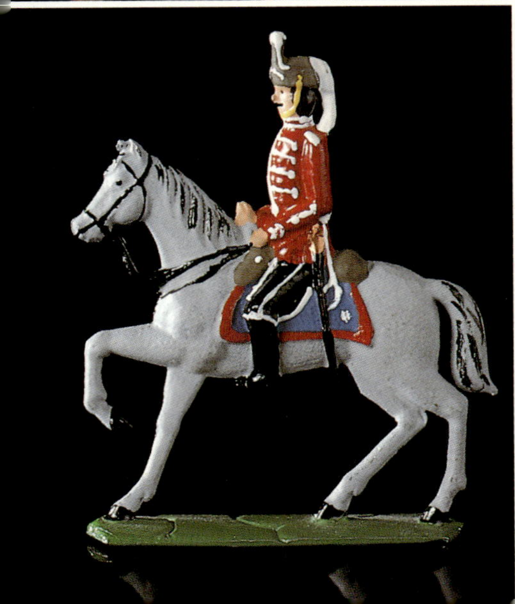

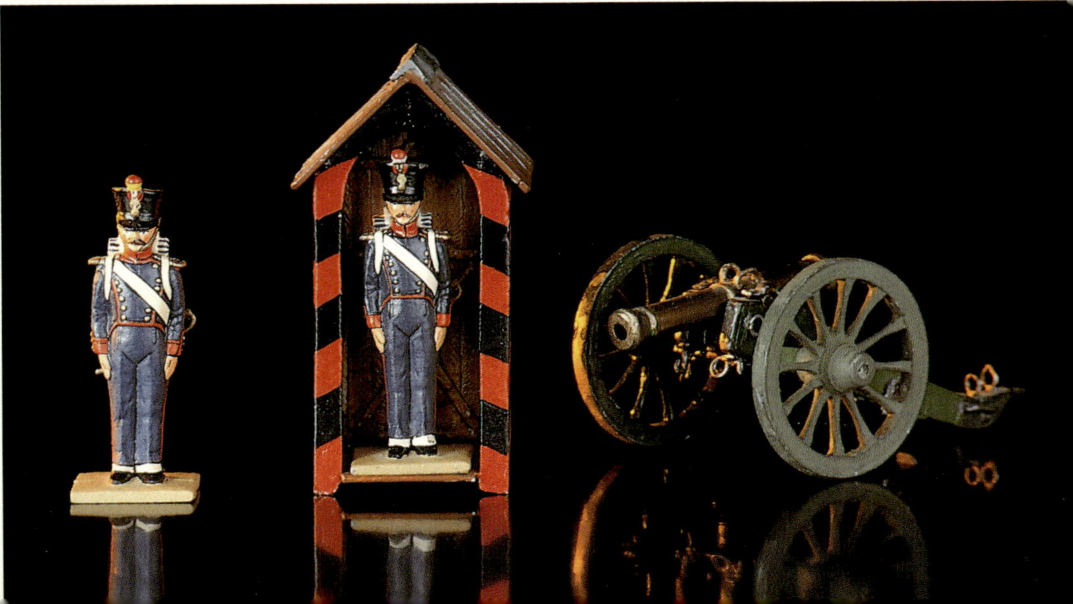

Zu Ende des 19. Jahrhunderts stellten Spielzeugfabrikanten Modelle in Serie her, dank denen die Kinder nach Belieben militärische Szenen und Schlachten zusammenstellen konnten.

Baukastenteile und Figuren aus bemaltem Holz. Erzgebirge, Deutschland.

Kanone aus Eisen und Messing, die Projektile wie etwa Bohnenkerne verschoß. Märklin, Deutschland, 1910. Kindermuseum Baden.

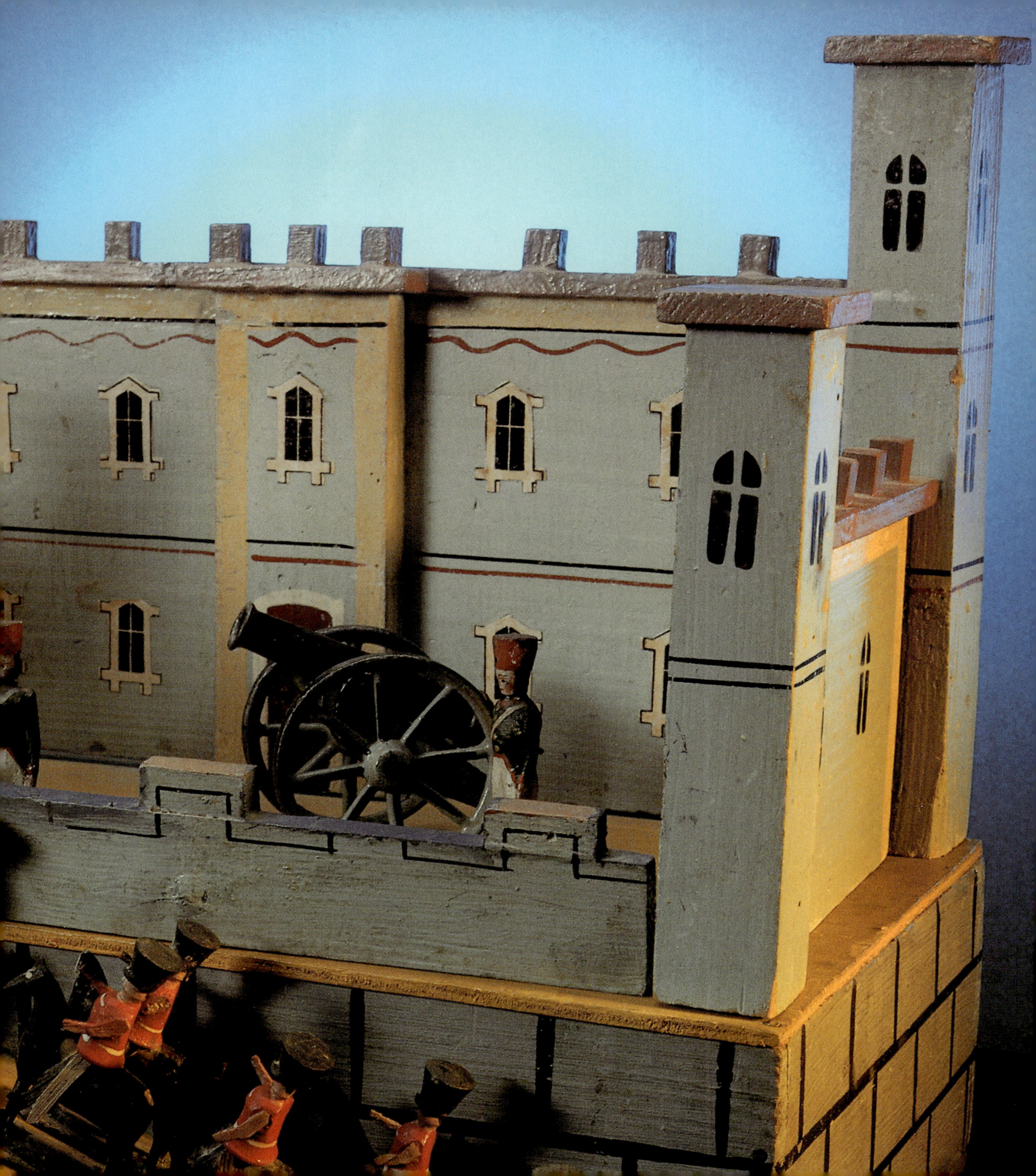

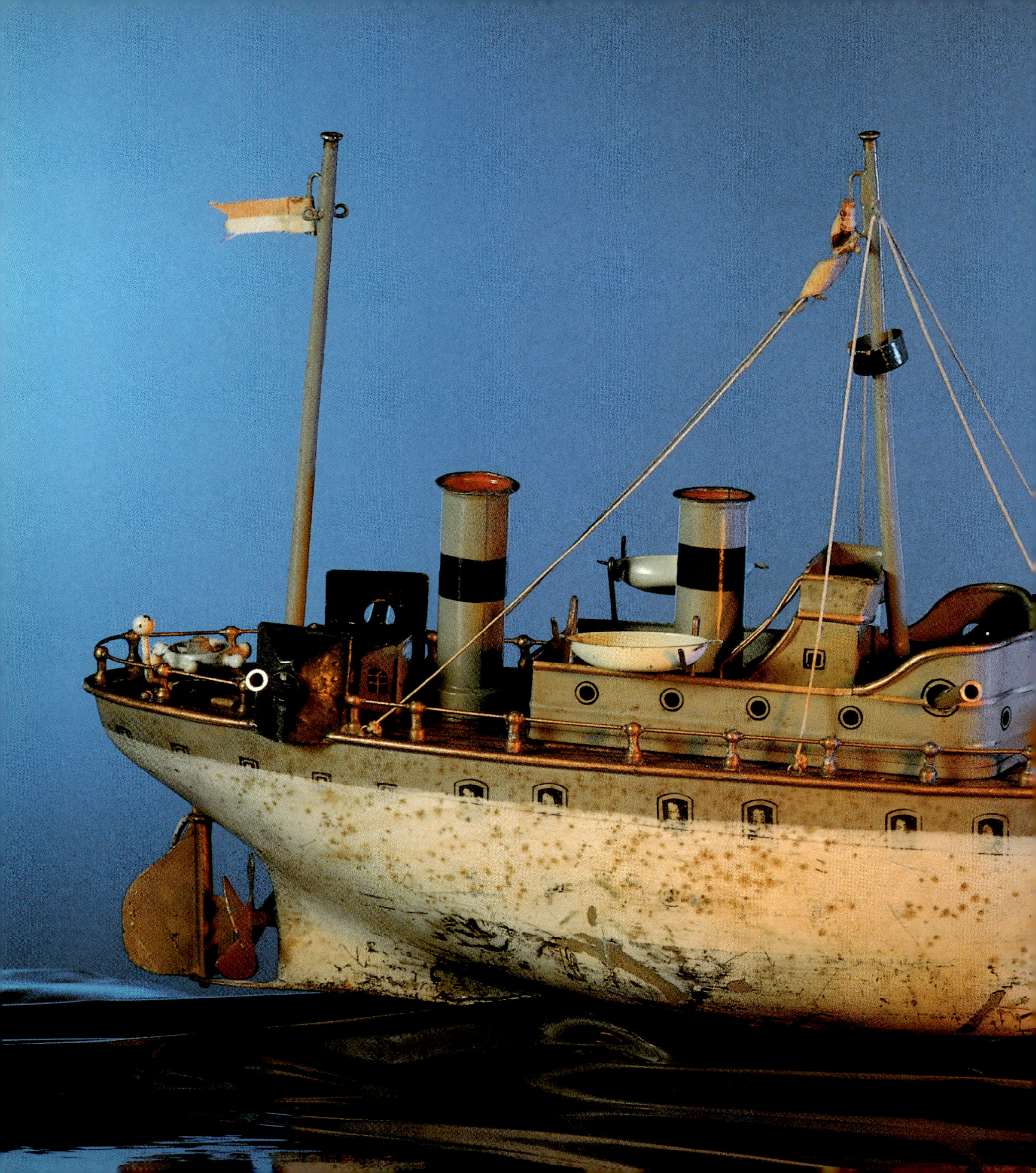

Dieses Phantasie-Kriegsschiff wurde in der Schweiz unter dem Namen «Tell», in Frankreich als «Jeanne-d'Arc» verkauft. Die Fabrikanten paßten die Bezeichnungen ihrer Spielsachen häufig der Geschichte und den Besonderheiten des Importlandes an. Eine größere Ausgabe (52 cm) dieses Schiffs kam in England als «Edward VII» in den Handel.

Schiff aus bedrucktem Blech, mit Uhrwerkantrieb. Länge 33 cm. Märklin, Deutschland, um 1905. Sammlung F. C. Weber.

Man spielt Schlachten durch, verfügt über Truppen in den Schützengräben und Festungen, setzt sie ans Maschinengewehr oder schickt sie im Sturmangriff ins feindliche Feuer… das Kriegsspiel kann beginnen.

Von links nach rechts und oben nach unten:

Schlachtschiffkommandant der deutschen Marine 1939–1945. Höhe 54 mm. Englischer Bleisoldat der Firma Tradition; Collection Arhisto, Payerne.

Schweizer Infanterist 1918. Plastische Figur aus Elastolin (Mischung aus Gips, Sägemehl und Leim auf Drahtarmierung). Höhe 90 mm. Hersteller unbekannt, um 1920; Collection Arhisto, Payerne.

Deutscher Infanterieoffizier aus dem Ende des letzten Jahrhunderts. Bleisoldat. Höhe 54 mm. C. B. G., Mignot, Frankreich, 1920; Collection Arhisto, Payerne.

Französischer Unteroffizier und Mitrailleur von 1940. Bleisoldaten. Höhe 54 mm. C. B. G., Mignot, Frankreich; Collection Arhisto, Payerne.

Fähnrich der Schweizer Infanterie von 1945. Elastolin-Hochrelieffigur. Höhe 70 mm. Gegossen um 1950; Collection J.-P. Schulé, Payerne.

Artilleriefestung mit französischen Infanteristen. Länge 40 cm. Quiralu, Frankreich, 1938; Musée de l'Art de l'Enfance, Annecy.

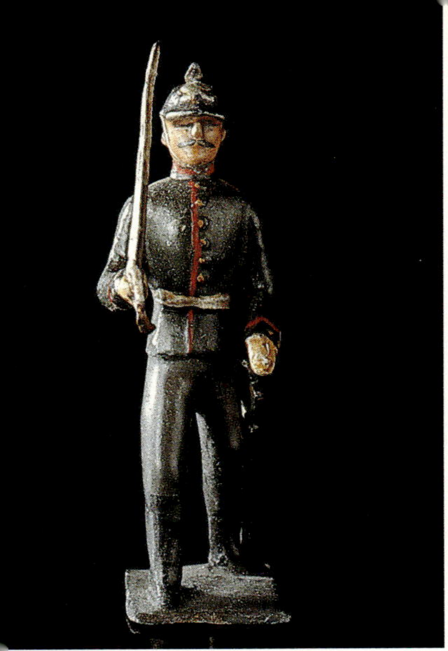

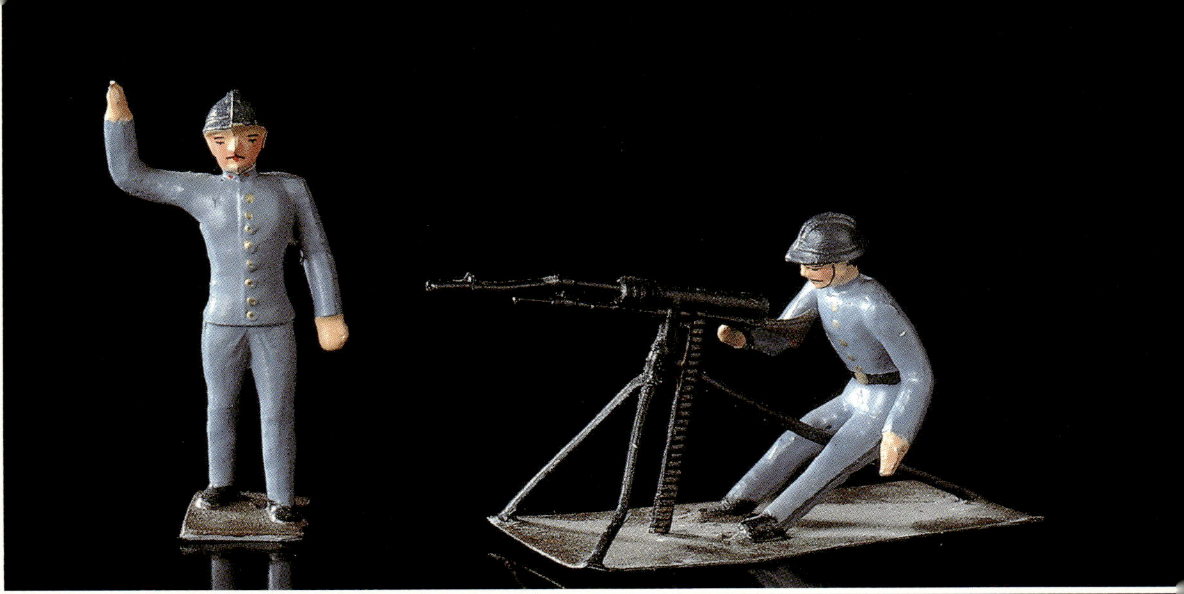

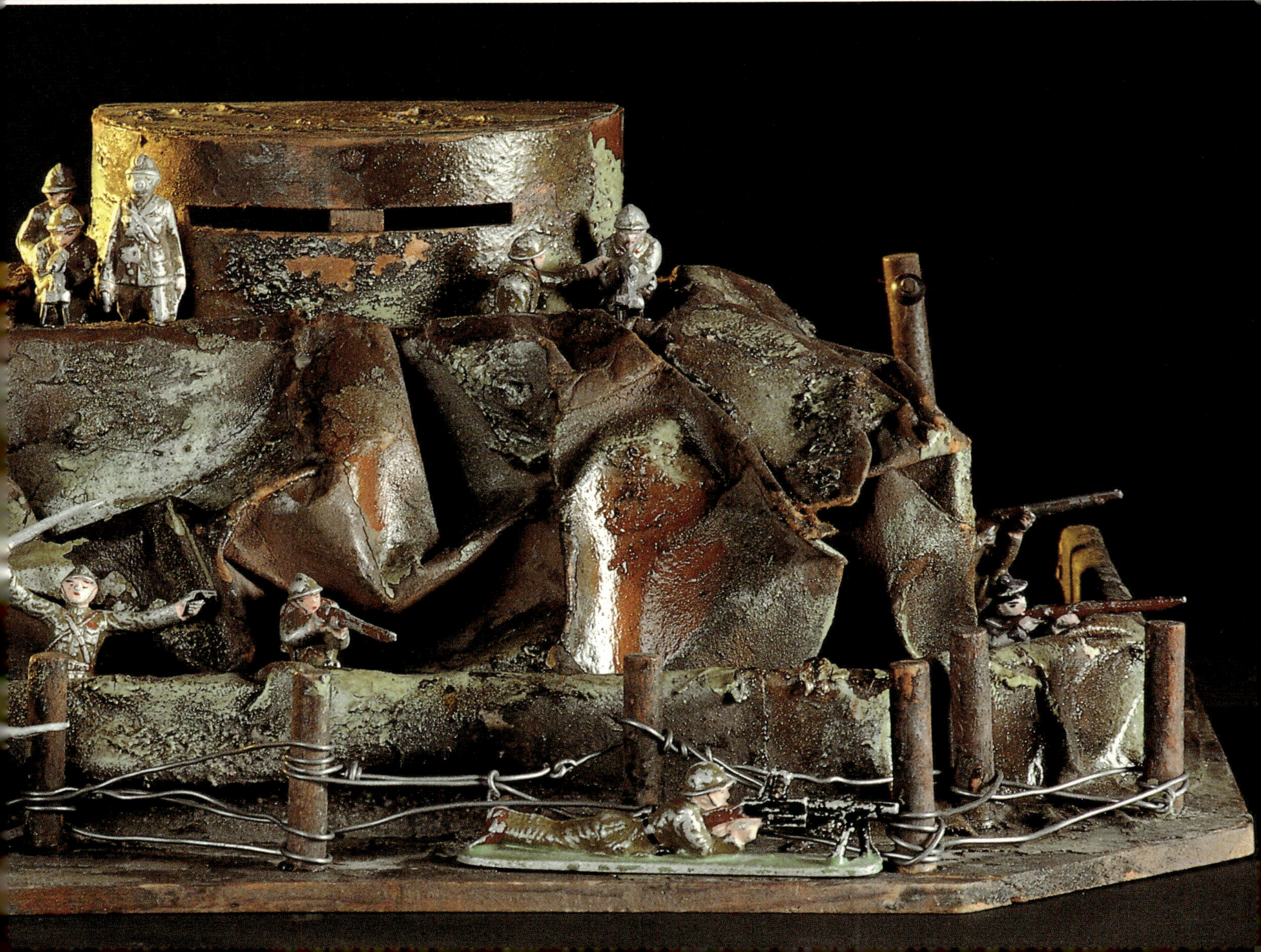

6
SPIEL UND KUNST

Mit dieser ungewöhnlich phantasievoll verzierten Zauberlaterne
in Form einer Moschee aus Tausendundeiner Nacht lassen sich handgemalte Glasbilder projizieren.
*Laterna magica aus bedrucktem Blech. Höhe 35 cm. Aubert (?), Frankreich, um 1885;
Sammlung F. C. Weber.*

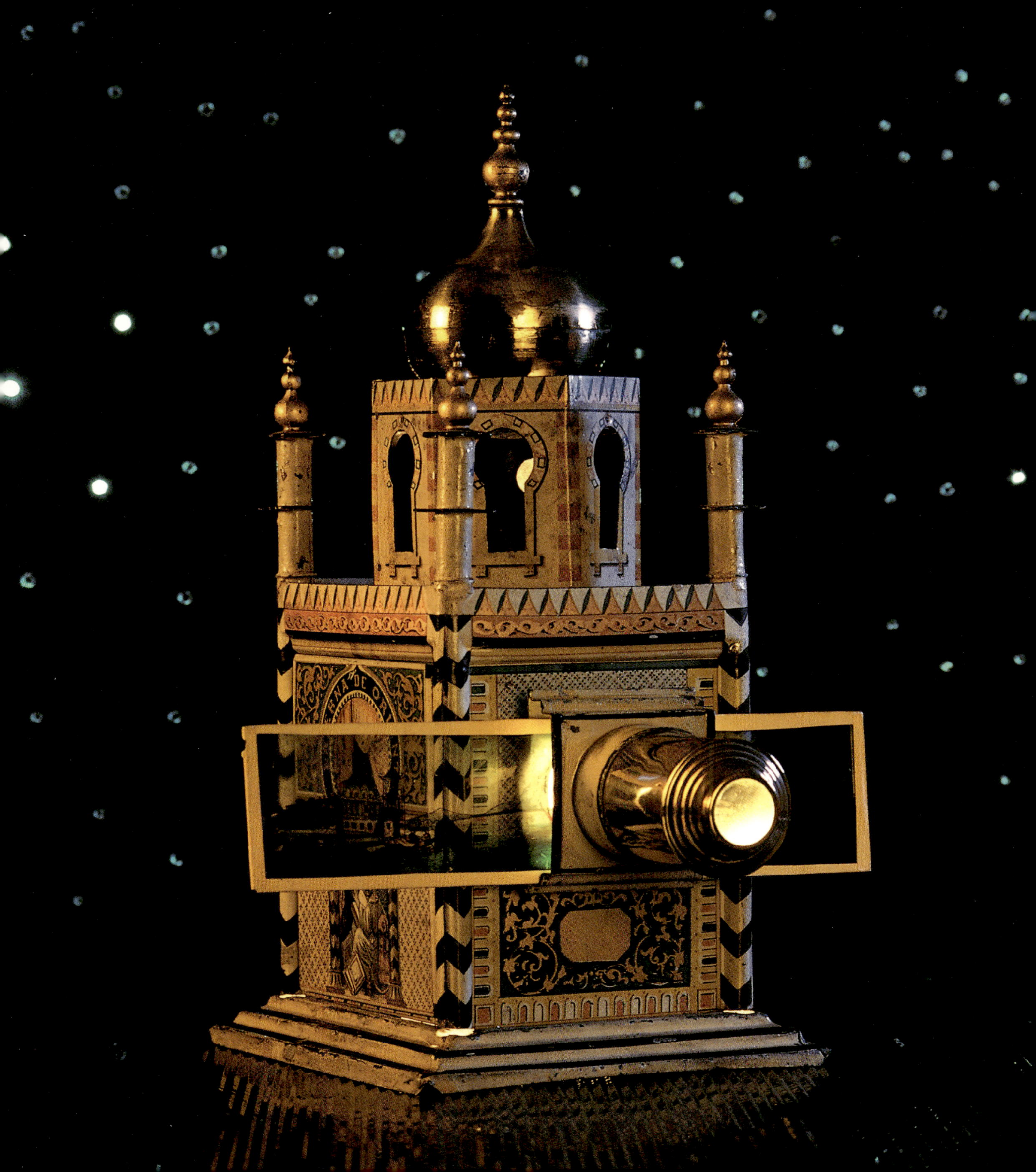

Jedes alte Spielzeug kann als Kunstwerk betrachtet werden, das eine als spontane, naive Kunstäußerung, das andere als Verbindung raffinierten ästhetischen Empfindens mit Erfindungsgabe und Können. Eine ganze Kategorie von Spielsachen dient jedoch auch unmittelbar der kindlichen Entdeckungsfahrt in die Welt der schönen Künste.

VOM RASSELRING ZUR TROMPETE

Meist sind es tönende Spielsachen beziehungsweise Lärminstrumente, die dem Kind Ansätze künstlerischer Aussage entlocken. Von Tönen fühlt sich das Kind schon sehr früh angezogen. Es interessiert sich in den ersten Lebenswochen dafür, vor allem, wenn sie – was häufig der Fall ist – mit den Bewegungen eines bestimmten Gegenstands oder mit einem besonderen Rhythmus verbunden sind.

Der Rassel- oder Beißring war schon in der Antike das erste Spielzeug dieser Art, das man dem Kleinkind in die Hände gab. In Pompeji hat man mehrere solcher Rasseln gefunden. Und mit ähnlichen Glöckchen und Rasseln haben die Ammen im antiken Griechenland auch die monotonen, langsamen Wiegenlieder begleitet, mit denen sie die Kinder in den Schlaf summten.

Aus verschiedenen Epochen sind auch recht kostbare Rasselringe bekannt, aus verziertem Elfenbein, Gold oder Silber. In seinem berühmten Erziehungsroman *Emile* wettert Jean-Jacques Rousseau gegen die silbernen Rasseln, die das Kind schon von Geburt auf an Luxus gewöhnten. Als Ersatz schlägt er Zweige mit Früchten und Blättern vor oder eine trockene Mohnkapsel, in der man die Samen klappern hört.

Als nächstes macht das Kind vielleicht mit der Ratsche Bekanntschaft, ebenfalls einem uralten Instrument. Ratschen fanden sich unter anderem in Kindergräbern der ägyptischen, griechischen und römischen Antike. Diese Lärminstrumente klapperten auch bei religiösen Zeremonien, um die Dämonen zu vertreiben.

Blas- und Pfeifinstrumente aller Art haben zahllose Kinder erfreut und ungezählte Eltern an den Rand der Verzweiflung gebracht. Doch für Kinder ist es einfach aufregend, die Blaskapelle nachzuahmen und Umzug zu spielen. Ebensoviel Vergnügen haben die Kinder dieser Welt seit eh und je an Trommeln und andern Perkussionsinstrumenten, aus Holz, Blech und allem, was genügend Resonanz… will sagen Krach erzeugt.

Laut Gheerbrants *Dictionnaire des symboles* wird «die Trommel mit der Erzeugung des Urlauts verbunden, der am Anfang des Seins steht und dem Schwingen des Universums entspricht…, sie ist das Symbol der psychologischen Waffe, die aus dem Innern heraus jeden Widerstand des Feindes bricht. Sie wird als heilig oder als Sitz einer heiligen Kraft betrachtet; sie grollt wie der Donner, wird gesalbt, angerufen, erhält Opfer.»

Lärm, beschwörende oder andere Rhythmen, erstes Lernen…, aber auch das Entdecken wohltönenderer Klänge, erster Melodien. Von frühester Kindheit an begleiten sie uns, wiegen uns in Schlaf, nehmen uns gefangen, verstummen, kommen wieder, werden erkennbar. Aus diesem Abenteuer läßt sich die Spieldose nicht wegdenken. Die Spieldosenbauer von Sainte-Croix im Waadtländer Jura haben sie zu Weltruhm gebracht. Ob als kleine Tänzerin im Ballettrock, als Paar, das sich zu Walzerklängen dreht, als Alphütte oder Pelzbärchen «verpackt»: die Spieldose rührt uns mit ihren ewig gleichen, wehmütig-zarten Klängen. Mechanisches Spielzeug und Spielautomaten haben das vielfältige Thema des Spielmanns, Musikclowns, Musikus immer wieder aufgenommen und variiert. Beim Klang dieser Spielzeugmusikanten wird die fröhliche Atmosphäre des Zirkus, die Melancholie des Handharmonikaspielers, die Nostalgie vergangener Feste wach.

Musikalisches Spielzeug darf nicht mit Musikinstrumenten in Kleinformat verwechselt werden, mit denen Kinder musizieren lernen. Die Geige des mechanischen Spielers von Fernand Martin ist nicht dieselbe wie jene, welche das Kind im Geigenkasten zur Musikstunde trägt. Auch zwischen verschiedenen Kinder-Klanginstrumenten von Naturvölkern gilt es zu unterscheiden: Manche werden nur bei genau festgelegten Festen oder Zeremonien gespielt, andere sind echte Spielsachen, die das Kind jederzeit benützen darf.

Ein anderes interessantes Spielzeug ist die tönende Marotte, das Narrenzepter, in dessen Trommel eine Spieldose erklingt, wenn man es in Drehung versetzt. Französische Hofdamen sollen das Narrenzepter mit Vorliebe auf abendlichen Spaziergängen im Park gespielt haben, um sich im Dunkeln Mut zu machen. Wie der Name sagt, ist das Instrument das wichtigste Attribut des Hofnarren, die «lächerliche Entsprechung des Zepters», wie Maurice Leber in seinem Werk *Le sceptre et la marotte* schreibt: «... so wie der Narr das lächerliche Doppel des Königs ist, ist die Marotte das Doppel des Narren, sein Abbild im kleinen; sie verspottet den Narren, ist der Narr des Narren, sein Spiegel und Widerschein. Der französische Begriff Marotte ist eine Verkleinerungsform von Marie, aus der auch das umgangssprachliche *mariolle (faire la mariolle)* entstanden ist, wie man im 15. Jahrhundert eine Heiligenfigur oder eine Puppe nannte.» Es ist bezeichnend, daß das Wort Marionette ebenfalls daraus hervorgegangen sein soll. Die im 19. Jahrhundert gefertigten Narrenzepter zeigen häufiger den Kopf eines pausbäckigen Säuglings als den eines Teufelchens, haben jedoch die langen, schellenbesetzten Eselohren behalten, das Zeichen für Festfreude und für Narretei.

Narrenzepter (Marotte) mit Spieldose; der Griff dient als Flöte. Höhe 33 cm. Frankreich, Ende 19. Jh.; Collection G. Reuge.

KLEINE THEATER... AUS PAPIER

Zu den beliebtesten Spielsachen gehören zweifellos Puppentheater, Guckkästen, Handpuppen-, Marionettenspiele und dergleichen. Aus dem Guckkasten entwickelten sich die Panoramen mit Szenenbildern auf drehbaren Rollen als Vorläufer der eigentlichen Papiertheater, die im 19. Jahrhundert sehr beliebt waren und sich in England bis heute erhalten haben. Einer der Pioniere war der Lithograf Schreiber aus dem schwäbischen Eßlingen, der die Dekors als erster im Steindruck produzierte. In England stellte Benjamin Pollock Papiertheater her, die bis 1930 mit Schablonen koloriert wurden. Und in Frankreich verkauften die Editions Pellerin aus Épinal von der Mitte des 19. Jahrhunderts an zahlreiche Papiertheater mit vielfältigen, auswechselbaren Dekors und Requisiten, mit denen die Räume eines Schlößchens, eine Wirtsstube, ein romantisches Gehölz, ein Dorfplatz und anderes mehr dargestellt werden konnten.

Der Dekor spielt eine wichtige Rolle, damit sich der Zauber des Theaters, der wechselnden Bilder und Aufführungen einstellt. Ob großartige Szenerie eines dramatischen Geschehens oder beschauliches Interieur, das Kind entdeckt darin staunend und gefesselt tausend neue Dinge, lernt andere Gegenden, andere Welten, andere Sitten und Gebräuche kennen. Laut Yves Rifaux verraten diese Papiertheater auch einiges über «die Schönheit der kolorierten Stiche und außergewöhnlichen Steindrucke sowie das bühnenbildnerische Wissen des vergangenen Jahrhunderts; die Dekors mit ihrem Tricksystem sind die treuesten Zeugen dieser Inszenierungen, und deshalb verdienen sie einen Ehrenplatz in der Geschichte des Theaters, des richtigen».

In den kleinen Papiertheatern werden die Figuren im allgemeinen durch ein am Kopf befestigtes Holzstäbchen bewegt, das der Spieler führt.

Ein Beispiel solcher erbauenden und belehrenden Aufführungen, die sich am großen Theater oder an der Geschichte inspirierten, ist die Adaptation von Schillers «Wilhelm Tell», mit dem Geßlerhut, dem dramatischen Apfelschuß und Tells Geschoß in der Hohlen Gasse. Doch auch viele andere historische Begebenheiten, literarische Werke sowie Legenden und Märchen haben die Papiertheaterbauer zu ihren köstlichen Kreationen angeregt.

Eine andere Art von Theater hat von Nordafrika bis China eine jahrhundertealte Tradition und wurde auch in Europa beliebt: das Schattentheater. Ein Schattentheater läßt sich relativ einfach bauen: Es benötigt zuerst einmal eine Lichtquelle: eine Kerze, Petrol- oder Glühlampe oder ganz einfach Sonnenlicht. Dann braucht man eine Blende als Projektionsfläche, zum Beispiel ein aufgespanntes Leintuch. Die Schatten sind natürlich das wichtigste Element des Schattentheaters. Sie können aus Papier, Karton oder Holz geschnitten sein, das Kind kann aber auch mit den Händen Personen oder Tiere darstellen. Manche Schattentheater sind transparent und aus Pergament oder sehr dünnem Papier gefertigt. Die Laterna magica wird dasselbe Prinzip übernehmen und dank ihren raffinierteren Projektionsmöglichkeiten diese wunderbaren kleinen Schattentheater sozusagen in den Schatten stellen.

EINS, ZWEI, DREI... DIE PUPPEN KOMMEN

Aus Stoff, Papiermaché oder Holz gefertigt, brauchen Handpuppen und Marionetten nicht einmal viel Ähnlichkeit mit lebenden Wesen zu haben, um Kinder zu begeistern. Dabei finden sich in der Geschichte des Puppen- und Marionettentheaters auch wahre Kunstwerke von unerhört realistischer Ausdruckskraft und mit kostbar geschneiderten Kostümen. Die Akteure verkörpern dabei traditionelle Figuren, die zum Teil aus dem Stegreiftheater und der Commedia dell'arte stammen.

Die wohl bekannteste Gestalt des Puppentheaters in Deutschland und in der Schweiz ist der Kasperli, Kasperl oder Kasper mit seiner langen roten Nase, der offenbar gerne einen trinkt und erstmals vom Wiener Schauspieler Johannes Laroche (1745–1806) als Bühnengestalt anstelle des Hanswursts geschaffen wurde. Als gewitzte und frohgemute Natur, die aber keiner Prügelei aus dem Wege geht, weiß er sich auch aus den schlimmsten Situationen zu retten. Häufig hat er einen Buckel wie sein englisches Pendant, der «Punch». Diese Figur mit Hakennase und -kinn erschien im 17. Jahrhundert als Witzbold, der aber auch seine zynischen, ja groben Seiten hat. Seine mürrische, zänkische Frau, Judy, kann fürchterliche Wutanfälle bekommen und verprügelt dann reihum alle.

Im französischen Sprachraum heißt die Hauptfigur anfänglich Polichinelle und entspricht dem neapolitanischen Spötter Polecenella, neben Arlecchino (dem Harlekin), die komische Maske der Commedia dell'arte, die in Deutschland im 17. Jahrhundert den Hanswurst ablöste, welcher wiederum erstmals 1519 als Hans Worst erwähnt ist. Polichinelle trägt einen Zweispitz und Halbmaske, hat vorn und hinten einen Buckel, ist verfressen und macht sich mit Vorliebe über die Obrigkeit lustig. In Lyon gründete der berühmte Puppenspieler Laurent Mourguet zu Beginn des 19. Jahrhunderts sein eigenes Puppentheater, in dem die Figuren Guignol und Gnafron geboren wurden. Die Gestalt des Guignol wurde in der Folge in ganz Frankreich derart beliebt, daß sie zum Synonym der deutschen Figuren Kasper und Hanswurst wurde, sowohl im Puppentheater wie im übertragenen Sinn auf Mitmenschen bezogen.

Der Teufel wiederum findet sich in fast allen Marionetten- und Handpuppentheatern. Als Verkörperung des Bösen jagt er den Kindern im wahrsten Sinne des Wortes eine Höllenangst ein. Gleichzeitig erinnert er an den Tod, der im Spiel immer irgendwie präsent ist, auch wenn das dem Betrachter nicht bewußt wird.

Besuchen wir nun mit unserem Führer Claretie einen Handpuppenbauer vom Ende des 19. Jahrhunderts: «Der Handwerker ist ein wackerer

Theaterdekor aus Papier, Farbsteindruck. Länge 30 cm. Schreiber, Deutschland, um 1900; Kindermuseum Baden.

Mann mit weißem Bart und gelassen-selbstsicherem Wesen. Auf der Werkbank liegen geschnitzte Holzköpfe, Kartonformen, Perücken, Kleider und Uniformen für Guignol, Gnafron, Gavroche. Im Trockenraum sind die andern Köpfe der menschlichen Komödie ausgelegt, der Polizist, die jüngferliche Engländerin mit blauer Brille, der Spitzbube, der Bürger, der Neger und selbst der Tod. Der Marionettenbauer erfindet und macht all diese Figuren selbst, was sowohl Phantasie wie Beobachtungsgabe erfordert. Er ist Kunsthandwerker und Philosoph zugleich. Weder in seinem Gesicht noch in den Zügen seiner Marionetten finden sich Spuren von Empörung oder Unwillen; alle lächeln und machen sich über sich selbst lustig, das heißt über die Menschheit, die sie verkörpern.»

Handpuppen sind für Kinder viel einfacher zu spielen als eigentliche Marionetten. Deren Führungsfäden sind an den verschiedenen Körperteilen befestigt, die man bewegen will – Arme, Beine, Kopf – und laufen dann in einem waagrechten Führungskreuz zusammen, das der Marionettenspieler in der Hand hält. Je nachdem, wie er dieses Spielkreuz neigt oder anhebt, führt die Puppe zarte oder heftige Bewegungen aus.

ZAUBER DER MANEGE

Der Zirkus übt auf klein und groß eine unwiderstehliche Anziehungskraft aus, und der französische Schriftsteller Théophile Gautier nannte ihn zu Recht «das schönste Schauspiel fürs Auge».

In der Menagerie lernt das Kind die Zirkustiere, die Bären, Löwen, Seehunde, Pferde und Elefanten kennen, betritt dann das große Zirkuszelt mit seiner mächtigen Kuppel... Verzaubert, gefesselt bestaunt es die schillernde, aufregende Welt der Artisten. Es verfolgt mit Bangen die atemberaubenden Schwünge der Akrobaten unter der Kuppel, bewundert den Mut des Löwenbändigers und bricht bei den ersten Späßen des Clowns in befreiendes Lachen aus, denn auf ihn hat es sich besonders gefreut. Mit seiner komischen, buntscheckigen Aufmachung, dem tolpatschigen Gehabe, das von akrobatischen Einlagen unterbrochen wird, zieht er alle in seinen Bann. Seine schlampigen Kleider, sein Schalk, die rote Nase, der große, weißumrandete Mund und die blitzenden Augen machen ihn zur besonders attraktiven Zirkusnummer, welche das Kind immer wieder zum Lachen bringt und tröstet. Der amerikanische Schriftsteller Henry Miller hat sich intensiv mit dieser faszinierenden Gestalt beschäftigt: «Der geliebte Clown... er darf alle die Fehler, Dummheiten, Mißverständnisse wieder lebendig machen, mit welchen die Menschheit geschlagen ist. Die Verkörperung der Albernheit zu sein ist etwas, das auch der größte Dummkopf kapiert. Nichts zu verstehen, wenn alles sonnenklar ist, den Trick nicht zu merken, selbst wenn er dir hundertmal gezeigt wird, wenn alles auf die Lösung hinweist; sich darauf versteifen, die falsche Tür, die mit dem Schild ‹Gefahr›, öffnen zu wollen; kopfvoran in den Spiegel zu rennen statt auszuweichen; den Lauf des – geladenen! – Gewehrs vors Auge zu halten: von solchem Unsinn kann das Publikum nie genug bekommen, denn seit Jahrtausenden landet die Menschheit bei all ihren

Anstrengungen und all ihrem Fragen in derselben Sackgasse...»

Der weißgeschminkte Clown im vielfarbig mit Pailletten besetzten, engen Kleid beherrscht im Zusammenspiel mit dem dummen August die Szene in der Manege. Dieser ist der rotnasige Tölpel mit roter Perücke, viel zu weiten Kleidern und riesigen Latschen, dem jegliches Mißgeschick widerfährt, während sich der andere jederzeit als Meister der Situation erweist. Das Gespann ist zweifellos allen Zirkusbegeisterten für immer ein Begriff.

Spielzeugclowns treten als komische Kunstreiter, als Akrobaten, gewiegte Tierbändiger oder geschickte Jongleure auf. Diese nachgerade zum Inventar gehörenden Figuren finden sich in den Spielzeugkatalogen erstmals gegen 1880, angeboten unter anderem von Günthermann, Migault, Fernand Martin, Lehmann, Steiff. Das Thema des Dresseurs und Dompteurs wurde von den Spielzeugfabrikanten besonders häufig aufgenommen.

In der Spielzeug-Zirkusvorführung treten zuerst die Kunstreiter und -reiterinnen auf ihren tänzelnden Pferden auf. Dann vollführen radfahrende Affen gewagte Balanceakte, während ihre buntscheckigen Kostüme im Scheinwerferlicht aufblitzen. Die vom Direktor als «weise» vorgestellten Tiere zeigen Kunststücke, die das Publikum jedesmal vor Erstaunen verstummen lassen. Das Spielzeug nimmt an diesem Zauber teil, indem es dem Kind die Möglichkeit gibt, die Zirkusszenen immer wieder nachzuahmen. Der Jongleur arbeitet unermüdlich mit seinen kleinen Bällen, bis seine neue Nummer klappt. Der Zirkuskenner Strehli schrieb über die Kunst des Jongleurs: «Von vieren (jonglierten Gegenständen) an beginnt man des Namens Jongleur würdig zu sein. Mit fünfen ist man recht geschickt, mit sechs ein Meister, mit sieben außergewöhnlich. Die Acht ist meines Wissens nicht zu erreichen.»

Doch was wäre der Zirkus ohne seine Musikkapelle? Sie ist es ja, die den verschiedenen Nummern Schwung verleiht, sie mit dramatischen Effekten untermalt oder mit musikalischem «Atemholen» die Spannung steigert... bis der Tusch das vollbrachte Kunststück mit dem verdienten Beifall belohnt. Musikkapellen fehlten denn auch ebensowenig im zirzensischen Spielzeug wie die andern Mitglieder der großen Artistenfamilie.

Der Zirkus, das ist auch das große Zelt, dessen Aufbau allein schon aufregend genug ist. Die ersten Zirkuszelte erschienen gegen 1826 in den Vereinigten Staaten; bis heute wurden sie unablässig vergrößert und verbessert. Es ist beinahe unglaublich, wie viele Masten, Seile, Bretter, Bänke da jedesmal ihren genauen Platz finden müssen, um schon nach wenigen Aufführungen wieder abgebrochen zu werden. Schon früh wurden denn auch Spielzeugzelte angeboten, die das Kind selbst aufbauen und nach Lust und

Zirkus-Spielkasten, Figuren aus Holz, beweglich. Charles Watilliaux (?), Frankreich, Ende 19. Jh.; Musée de l'Art de l'Enfance, Annecy.

Laune mit seinen Clowns, den Zauberern, Trapezkünstlern, Tierbändigern und Tieren bevölkern konnte.

Riesige Sammlermodelle erinnern an die großen Zeiten weltberühmter Zirkusse wie Barnum, Gleich, Krone, Amar oder Pinder. Es sind exakte Nachbildungen der Originalzelte, mit Figurinen aus Blei, Zinn, Quiralu, Elastolin usw. Betrachtet man diese Modellzirkusse, wartet man unwillkürlich auf den Paukenschlag, der die kleine Artistenwelt wie mit Zauberhand zum Leben erweckt.

Ebenso wunderbar, aber weit seltener waren die Abende, wo man im Kreis der Familie in der abgedunkelten Stube den Geschichten des Laterna-magica-Vorführers lauschte.

LICHT AUS... PROJEKTOR AN!

Die Zauberlaterne steht am Anfang einer der großen Erfindungen der Neuzeit, des Kinos. Aus diesem sollten wiederum andere audiovisuelle Mittel entstehen, die zur Revolution der Kommunikationsformen unserer Tage führten. Die Laterna magica ist dabei im Rahmen der jahrhundertealten Anstrengungen zu sehen, das Wesen des Lichts, die optischen Strahlen zu enträtseln.

Der «doctor mirabilis» Roger Bacon (um 1219 bis Oxford 1294), einer der großen Gelehrten des Mittelalters, hat manche der physikalischen Grundlagen auf dem Gebiet der Optik geschaffen, ebenso wie später Leonardo da Vinci und andere Wissenschaftler. Aufgrund dieser Arbeiten verfaßte der Jesuitenpater Athanasius Kircher 1646 seine Schrift *Ars magna lucis et umbrae* («Große Kunst der Lichter und Schatten»). In der zweiten Auflage von 1671 gibt er praktische Hinweise, wie eine Laterna magica zu bauen sei: «Man mache einen Kasten aus Holz und bohre eine Öffnung, durch die der Rauch einer Lampe entweichen kann. Die Lampe wird in der Mitte angebracht, an einem Faden hängend oder auf einem Sockel gegenüber der Öffnung. Im Innern dieser Kiste befindet sich ein Rohr von der Länge einer Handfläche. Ein Linsenglas von feinstem Schliff ist am Ende des Rohrs angebracht, am andern Ende eine gut durchscheinende Glasplatte. Auf dieses Glas kann mit transparenten Farben alles gemalt werden, was euch gefällt. Ist dieses eingesetzt, wirft das Licht der Lampe, das durch die Linse fällt, die auf das Glas gemalte Gestalt (welche auf den Kopf gestellt wurde) aufrecht und vergrößert auf die weiße Wand; die Gestalt wird mit all ihren Farben versehen sein. Das Licht der Lampe muß sehr stark sein. Setzt man einen Hohlspiegel aus poliertem Eisen hinter die Flamme, erhält man ein überraschend kräftiges Licht. All dies ist natürlich sehr kurz gefaßt.» Nach dieser über dreihundert Jahre alten Beschreibung sollte es möglich sein, eine funktionierende Laterna magica zu bauen. Allerdings beweist die Abbildung in Kirchers Werk, daß dieser vermutlich nur das Prinzip kannte, ist doch die Glasplatte

---

Balzac schätzte die Tänzerin zu Pferd, die Kunstreiterin, höher ein als «alle Größen des Gesangs, des Tanzes und der dramatischen Kunst».

Zirkusartisten aus bemaltem Holz, beweglich. Höhe 10 cm. Charles Watilliaux (?), Frankreich, Ende 19. Jh.; Musée de l'Art de l'Enfance, Annecy.

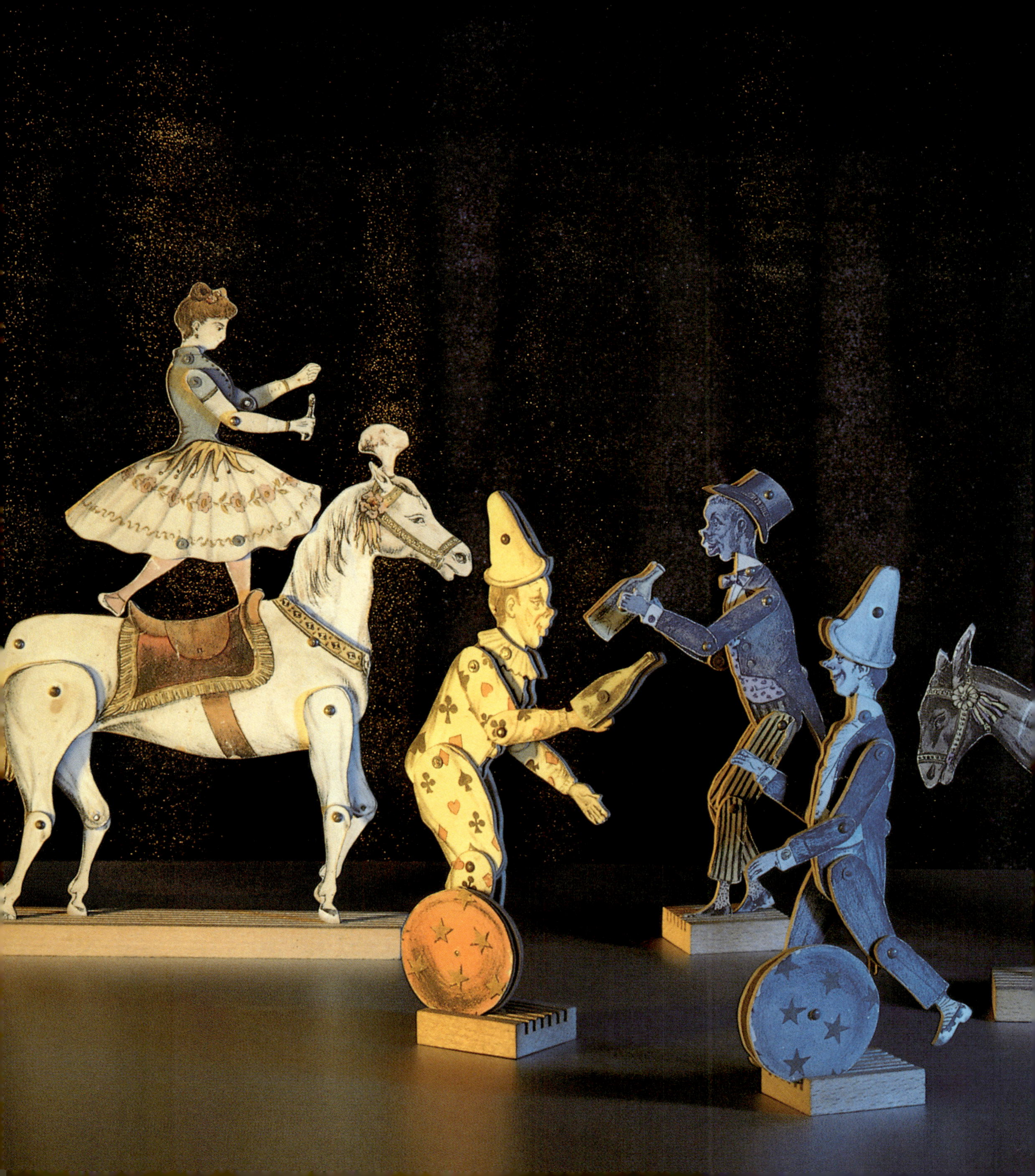

«Hereinspaziert, hereinspaziert. Das Spektakel beginnt sogleich! Auf dem Programm: Wilhelm Tell, Guignol, Punch und Judy. Da hat's für jeden etwas.»

Von oben nach unten und links nach rechts:

Theater aus Karton und Papier mit Szene aus dem «Wilhelm Tell». Höhe 70 cm. Schreiber, Eßlingen, Deutschland, 1900; Kindermuseum Baden.

Handspielpuppe aus Holz, Gips und Bleiweiß. Frankreich, Mitte 19. Jh.; Musée de l'Art de l'Enfance, Annecy.

Theater aus Karton. Freie Adaption von «Punch und Judy» für die Ausfuhr nach England. Höhe 25 cm. Spear, Nürnberg, Deutschland, um 1900; Kindermuseum Baden.

Affentheater. Zirkuswagen aus bemaltem Holz. Länge 45 cm. Herkunft unbekannt, um 1900. Plüschaffen von Steiff, Deutschland; Spielzeugmuseum Riehen.

Handpuppen des Théâtre Guignol in Lyon. Guignol: Kopf aus geschnitztem und bemaltem Holz, Frankreich, um 1850. Teufel und Gendarm: Köpfe aus Holz, Gips und Bleiweiß. Frankreich, Ende 19. Jh.; Musée de l'Art de l'Enfance, Annecy.

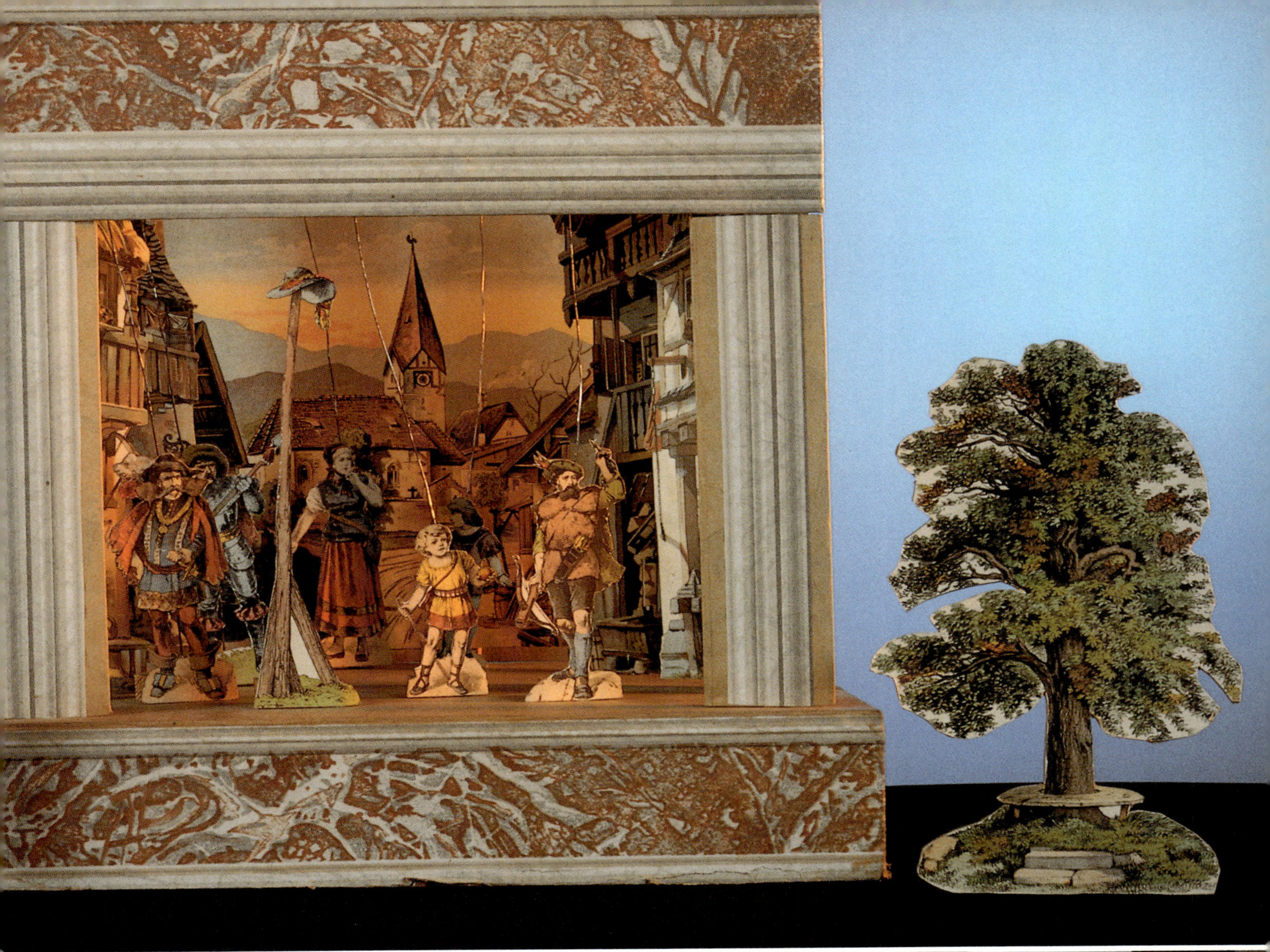

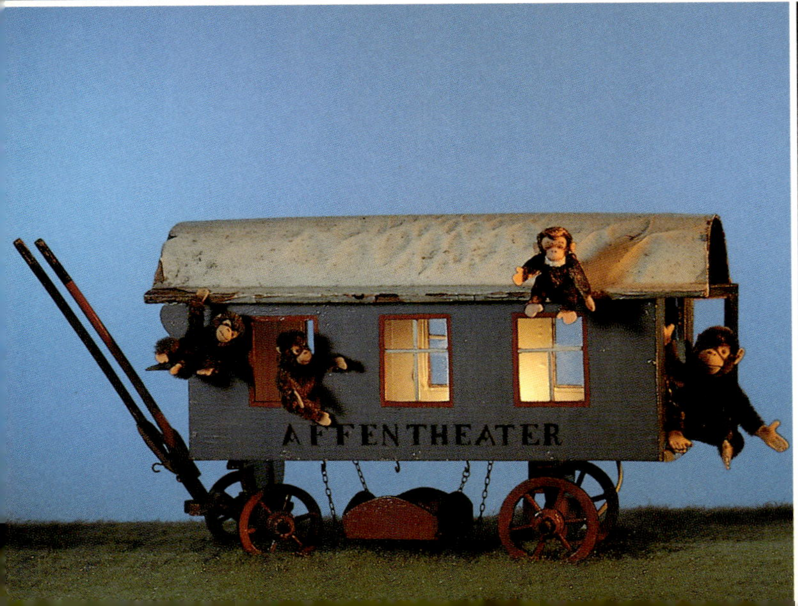
AFFENTHEATER

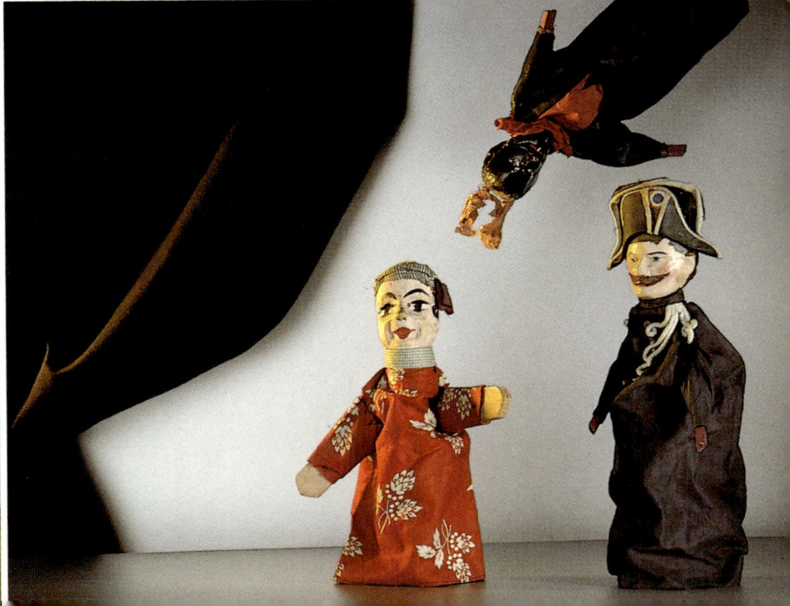

mit der Figur falsch, nämlich aufrecht, eingesetzt. Besser verstanden hat offenbar Kirchers Zeitgenosse, der Däne Thomas Walgenstein, die Funktionsweise der Zauberlaterne: Er hat seine Erfindung laut Kircher verschiedenenorts in Italien vorgeführt, satirische und tragische Szenen projiziert und seine Apparate wohlhabenden Bürgern verkauft.

1676 schreibt dann der Deutsche Johann Christoph Sturm über die «Laterna megalographica», die Vergrößerungslaterne, sie mache «im wahren Sinne des Wortes aus der Mücke einen Elephanten, indem sie ganz kleine, kaum zwei Zoll hohe Bilder auf der gegenüberliegenden Wand in riesenhafter, ja geradezu kolossaler Größe abzeichnet».

Im ganzen 18. Jahrhundert setzt sich die Entwicklung der Laterna magica fort, wobei man immer kompliziertere Mechanismen für die Übertragung von Bewegungen, für Überblendungen und ähnliche Effekte austüftelte.

Ende des 18. und über das ganze 19. Jahrhundert zogen Laterna-magica-Vorführer durch die Lande, zeigten ihre Bilder vor wissenschaftlichen Vereinigungen, aber auch auf Jahrmärkten und bei privaten Vorführungen in Bürgerhäusern. Hier konnten auch die Kinder den Projektionen folgen und den begleitenden Worten des Vorführers lauschen, der seinem Publikum allerlei gemalte Spektakel oder Geistererscheinungen bot. Nachdem man im frühen 19. Jahrhundert begonnen hatte, solche Zauberlaternen industriell zu fertigen, wurde die Laterna magica auch zum Spielzeug, obwohl sie vorerst Kindern vermögender Kreise vorbehalten blieb.

Die erste Fabrik für Spielzeug-Zauberlaternen gründete 1843 Auguste Lapierre, kurz darauf gefolgt von andern französischen (Aubert, Boulanger) und deutschen Herstellern (Bing, Carette, Plank), die schnell gemerkt hatten, was für Möglichkeiten dieses Instrument ihnen bot.

Über den Herstellungsprozeß handgemalter Laternbilder schreibt E. Liesegang in seinem Handbuch *Projections-Kunst:* «Die Umrisse des zu malenden Bildes werden auf ein Papier gezeichnet, und das Glas wird darauf gelegt. Man bringt etwas Dunkelbraun auf die Palette, verdünnt die Farbe mit soviel Wasser, daß sie leicht aus dem Pinsel fließt, und zieht mit einem feinen Pinsel die Umrisse auf dem Glas nach.» Anschließend folgt in drei Arbeitsgängen das Kolorieren, jeweils mit Trocknen und Firnissen.

Bis gegen Ende des 19. Jahrhunderts wurden die Laternbilder von Hand gemalt, dann mußten sich die Fabrikanten angesichts der Nachfrage nach anderen Wegen umsehen. Die Lösung waren vorerst Steindruck-Abziehbilder, die mit einer Schlämmkreidelösung auf das Glas übertragen wurden, bevor man den Farbschichtträger mit einem feuchten Schwamm ablöste. Kurz vor der Jahrhundertwende konnte man dann auch fotografische Platten mit den aktuellsten Ereignissen des Tagesgeschehens projizieren.

Die Laterna magica eignet sich in erster Linie für die Projektion von Stillbildern, doch versuchte man schon früh bewegte Figuren zu zeigen. Dabei nutzte man grundsätzlich dasselbe Prinzip wie heute in Film und Fernsehen, indem das Auge durch schnell folgende Einzelbilder mit unmerklich veränderten Stellungen getäuscht wird: Beim 1833 erfundenen Phenakistiskop befindet sich die Bildfolge auf einer Scheibe, die sich dreht, wobei der Betrachter die Bilder durch die Ausschnitte einer zweiten Scheibe aus Karton vorbeidefilieren sieht. Die Bilder des Zootrops von 1834 wiederum sind auf einen Kartonstreifen gezeichnet oder gedruckt, der sich in einer Trommel mit Schlitzen befindet. Dreht der Betrachter diese Trommel, beginnen sich die abgebildeten Tiere zu bewegen. Das Zootrop kündigt bereits den Film an.

Einen großen Schritt in Richtung Film und Kino verdanken wir Emile Reynaud. Er benutzt noch immer die auf einen Zylinder gezeichnete Bildfolge, doch in seinem Apparat werden die Einzelbilder von einer Reihe kleiner Spiegel in der Mitte reflektiert. Das so zurückgeworfene Bild verschmilzt zu einer Einheit, da es nicht mehr durch die Kartonzwischenräume unterbrochen wird wie bei Phenakistiskop und Zootrop. Reynaud hatte seinen Apparat gebaut, um den eigenen Kindern eine Freude zu machen, doch der Erfolg war derart, daß er ihn 1877 patentieren ließ und zu verkaufen begann. Eine Weiterentwicklung stellte sein Praxinoskop-Theater dar, bei dem das von den Spiegelchen reflektierte Bild durch eine Linse vergrößert und auf eine Leinwand geworfen wurde. Außerdem ersetzte er die kleinen Bildstreifen durch viel längere Folgen, die schon als eigentliche Filme bezeichnet werden können. Diese – noch nicht transparenten – Filme sind perforiert, so daß der Vorführer die Geschwindigkeit nach Belieben durch schnelleres oder langsameres Drehen der Trommeln steuern kann. Das Bildtheater und die berühmten Pantomimen dieses Pioniers der Vorführung bewegter Bilder erfreuten unzählige Erwachsene und Kinder. Doch schon bald machten ihm die Brüder Lumière mit ihrem Kinematographen Konkurrenz und setzten sich mit ihrer Erfindung allmählich durch. Reynaud vermochte seinen technologischen Rückstand nicht wettzumachen und warf in seiner Verzweiflung fast das gesamte Vorführmaterial in die Seine.

Doch nun wird es Zeit, die Scheinwerfer auszuschalten, welche die Spielsachen in diesem Buch beleuchtet haben. Wer will, kann sich selbst aufmachen, um in Dachkammern oder Trödelläden diese Zeugen vergangener Epochen aufzustöbern… Vielleicht nimmt er sich dann auch die Zeit, damit zu spielen.

Hat nicht Friedrich Schiller gesagt: «Der Mensch ist nur da ganz Mensch, wo er spielt»?

Bildstreifen für Zootrop-Guckkasten.
Charles Watilliaux (?), Frankreich, Ende 19. Jh.;
Sammlung F. C. Weber.

Die geniale Idee der Vorläufer des Kinematographen war es, Bewegungsabläufe in Einzelschritte zu zerlegen und durch die schnelle Bildfolge die Illusion tatsächlicher Bewegung zu schaffen.

«Lebende Bilder» für den Zootrop-Guckapparat. Diese Bildstreifen wurden in einen Zylinder gelegt, durch dessen Öffnungen man die Szene betrachten konnte. Charles Watilliaux (?), Frankreich, 1895; Sammlung F. C. Weber.

In diesem Original-Praxinoskop von Emile Reynaud (unten rechts) reflektiert ein Zylinder aus Spiegeln die auf der Innenseite der Trommel angebrachten Bilder derart, daß sie in der Abfolge für den Betrachter zu einem Bewegungsablauf verschmelzen. In späteren Modellen, «optisches Theater» genannt, projizierte Reynaud diese Bilder auf eine Leinwand. Musée de l'Art de l'Enfance, Annecy.

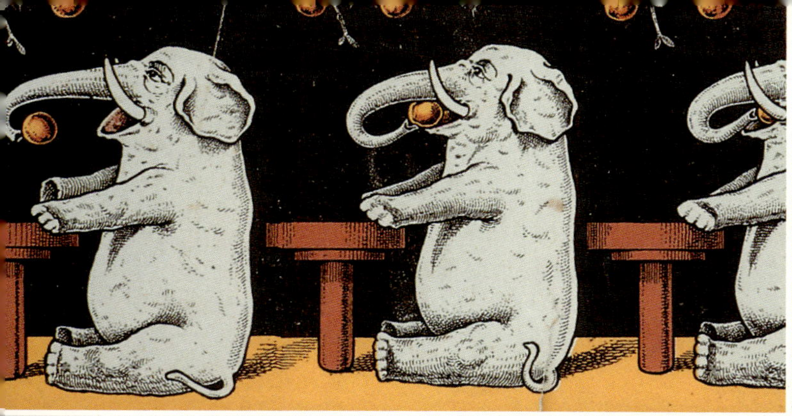

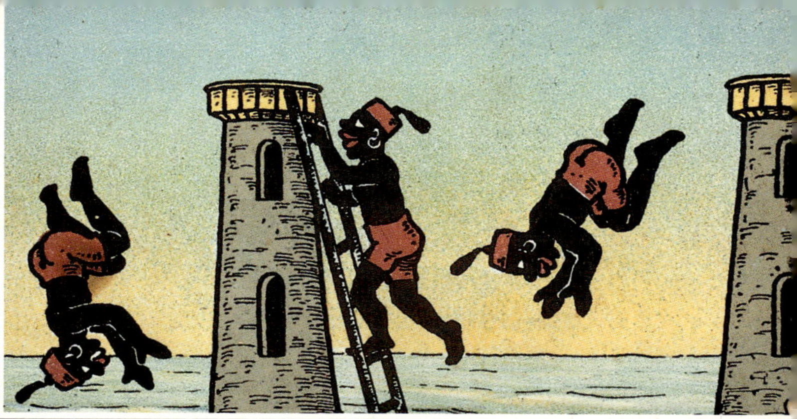

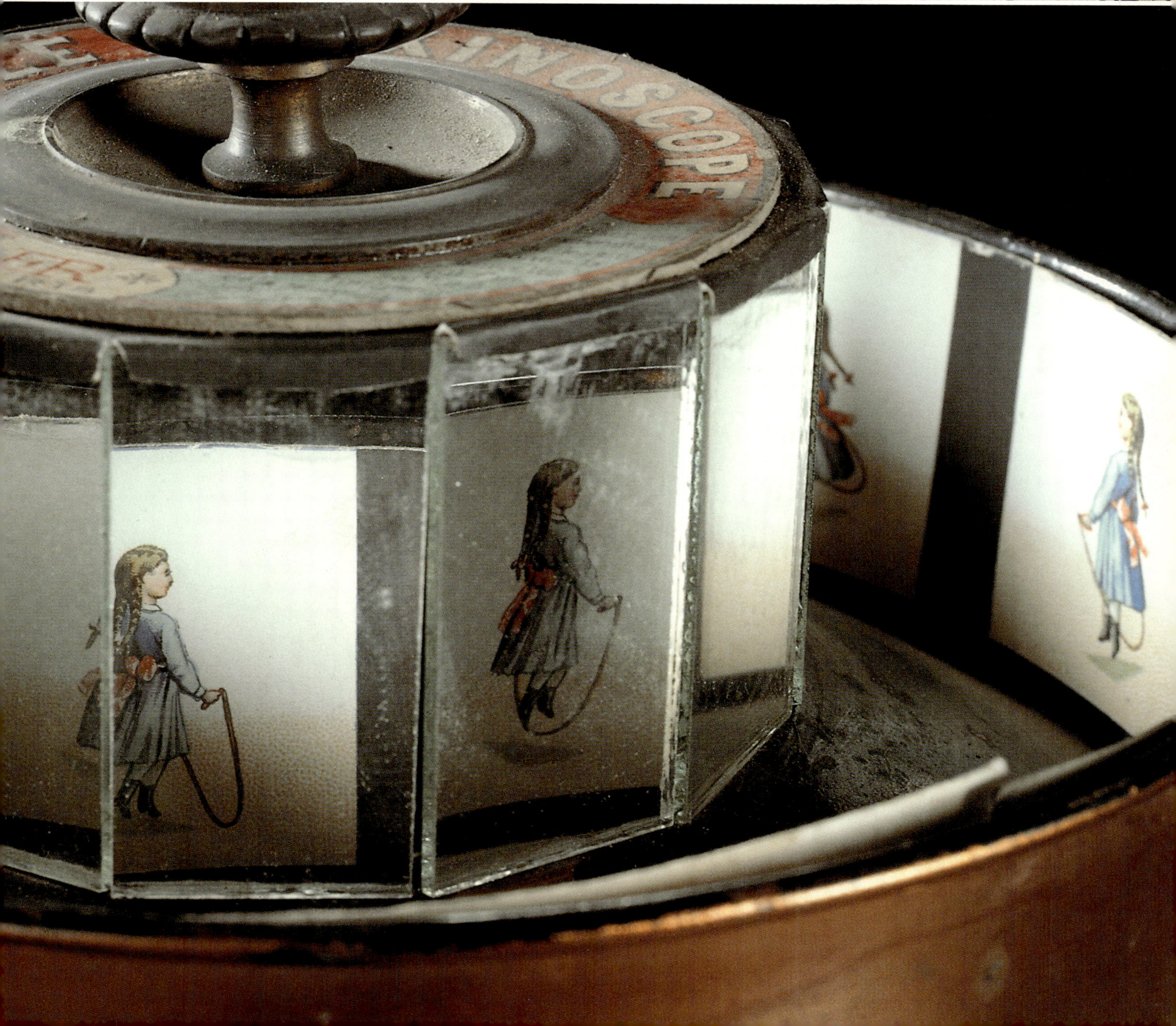
XINOSCOPE

Als die Glasbilder vor einer Petrollampe Geschichten erzählten, wußte man noch nicht, daß der Welt der Bilder, des Theaters und der Kommunikation eine große Revolution bevorstand: das Kino.

Von links nach rechts und oben nach unten:

Handbemalte Glasscheiben mit Szenen aus dem »Rotkäppchen«. Lapierre, Frankreich, 1900. Deutsche derartige Glasdias hatten einen Rand aus rosa oder orangefarbenem, jene von Lapierre aus grünem Papier. Musée de l'Art de l'Enfance, Annecy.

Kugelförmige Laterna magica (Lampaskop) für Glasbilder von 65 mm Höhe. Dieses Modell konnte direkt an der eigenen Petrollampe angebracht werden. Höhe 32 cm. Lapierre, Frankreich, 1870; Sammlung F. C. Weber.

Kinematographische Lampe für die gleichzeitige Projektion von Dekor und Figuren. Erstere sind auf Glasplatten, letztere auf Film gemalt. Dieses Modell war mit einer Petrollampe ausgerüstet, bevor es elektrifiziert wurde. Bing, Deutschland, um 1904; Sammlung F. C. Weber.

Le Petit chaperon Rouge
N° 9
Compère le loup
se jette sur mère
Grand et la Croque
N° 10
le Petit Chaperon
frappe; le loup lui dit
tire la Bobinette la
Chevillette chèra

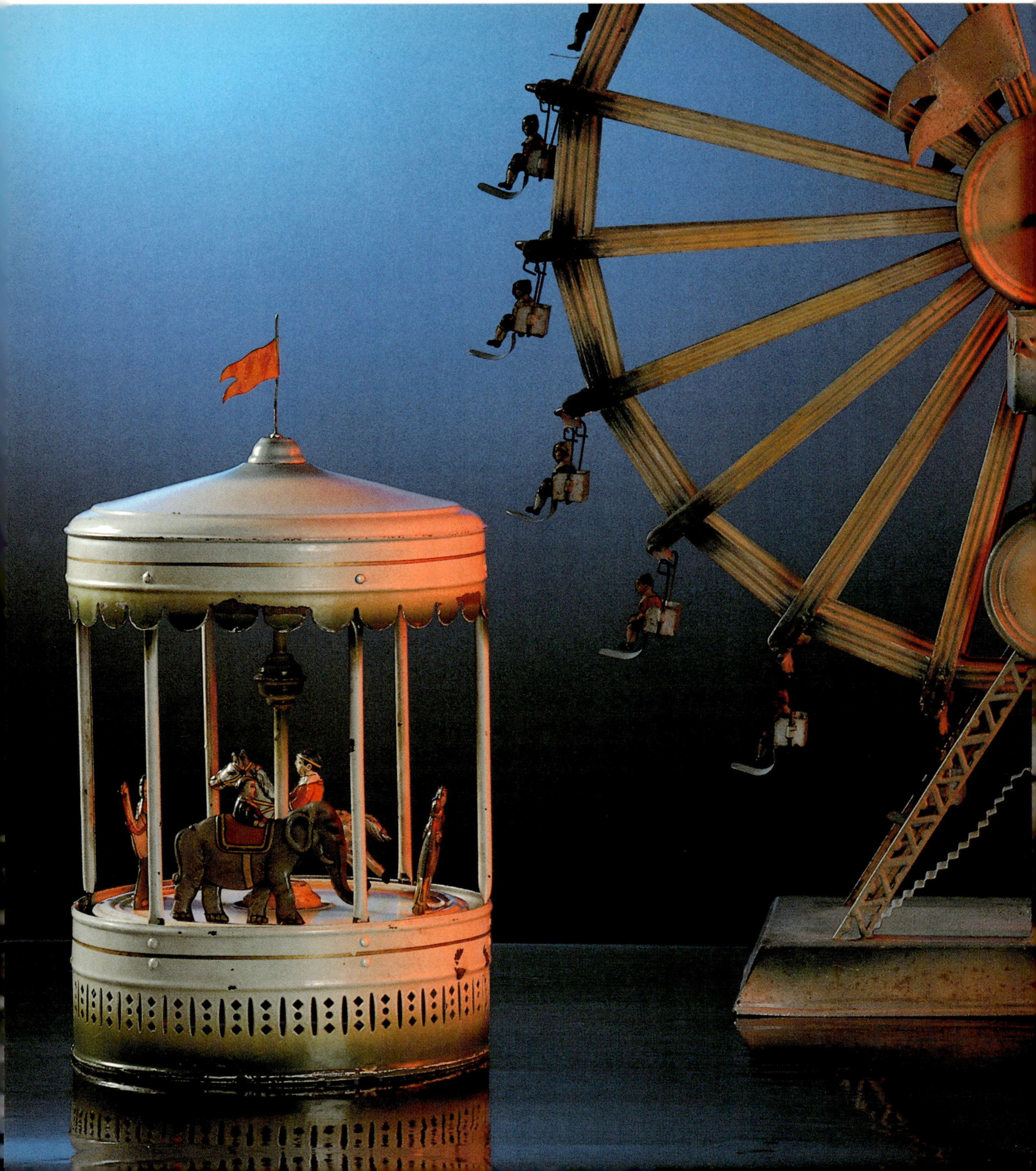

Deutsches Spielzeug aus dem Anfang des 20. Jahrhunderts. Die Manege aus bemaltem Blech dreht sich neben einem Riesenrad von 53 Zentimetern Höhe, das von einem Clown angetrieben wird. Im Vordergrund fährt ein Trompeter auf einem «Tut-Tut»-Auto von Lehmann über den Jahrmarktsplatz.

KLEINER FÜHRER DURCH DIE SPIELZEUGMUSEEN

Die nebenstehenden Spielsachen finden Sie im Zürcher Spielzeugmuseum, in dem die Sammlung F. C. Weber ausgestellt ist, neben vielen anderen kleinen Wundern, die hier und in den nachfolgend genannten Museen auf junge und junggebliebene Besucher warten:

KINDERMUSEUM BADEN

MUSÉE DE L'ART DE L'ENFANCE, MARCELLAZ-ALBANAIS, ANNECY

MUSÉE ALEXIS FOREL, MORGES

MUSÉE D'ETHNOGRAPHIE DE GENÈVE

MUSÉE SUISSE DU JEU, LA TOUR-DE-PEILZ

PUPPENMUSEUM, STEIN AM RHEIN

PUPPENMUSEUM SASHA MORGENTHALER, ZÜRICH

SCHWEIZERISCHES LANDESMUSEUM, ZÜRICH

SPIELZEUGEISENBAHN- UND ZWEIRADMUSEUM, AFFOLTERN AM ALBIS

SPIELZEUGMUSEUM RIEHEN
(Abteilung des Schweizerischen Museums für Volkskunde, Basel)

BIBLIOGRAPHIE

ALBERINI Massimo: *Figurines historiques et soldats de collection,* Grange-Batelière, 1972.

D'ALLEMAGNE Henri-René: *Les jouets à la World's fair en 1904,* im Selbstverlag, 1908.

BACHMANN M. und FRITZSCH E.: *Deutsches Spielzeug,* Leipzig, 1965.

BECQ DE FOUQUIÈRES L.: *Les jeux des anciens,* Didier et Cie, 1873.

BESTELMEIER Georg Hieronymus: *Magazin von verschiedenen Kunst- und anderen nützlichen Sachen…,* Olms, Reprint, 1979.

BRAUCH Margot/BANGERT Albrecht: *Jouets mécaniques anciens,* Duculot, 1981.

BURCKHARDT Monica: *Le cirque et le jouet,* Flammarion, 1984.

–: *Le jouet de bois,* Fleurus, 1987

CAILLOIS Roger: *Jeux et sports,* Encyclopédie «Pléiade», 1967.

CAPIA Robert: *Les poupées françaises,* Hachette, 1979.

–: *Poupées,* Arthaud, 1984.

CIESLIK Marianne und Jürgen: *Les poupées anciennes,* Duculot, 1981.

CLARETIE Léo: *Les jouets; histoire, fabrication,* Quantin, 1893.

DAMAMME Jeanne: *Le jouet animal,* Musée du jouet Poissy, 1984.

DOSSENA Giampaolo, u. a.: *Come giocavamo,* Alinari, 1984.

DRÖSCHER Elke: *Puppen im Wandel der Zeit,* Keyser, 1982.

FAVELAC Pierre-Marie: *Les jouets mécaniques,* Massin.

FOURNET Jean-Claude: *Trains-jouets et modèles de la collection Giansanti Coluzzi,* Serge Godin, 1981.

FRASER Antonia: *Spielzeug,* Gerhard Stalling, 1966.

GANTNER Theo und HARTMANN Waltraut: *Das Spielzeugbuch,* Pinguin, 1973.

GHEERBRANT und CHEVALIER: *Dictionnaire des symboles,* Laffont, 1982.

GRÖBER Karl und METZGER Juliane: *Kinderspielzeug aus alter Zeit,* Marion von Schröder, 1965.

GUT Vorhard: *Die anderen Nürnberger,* Verlag Eisenbahn.

KING Constance Eileen: *Jumeau,* Edita Vilo, 1983.

KOLLBRUNNER Curt F.: *Figurines d'étain,* Office du Livre, 1979.

KUTSCHERA Volker: *Spielzeug,* Residenz, 1975.

LAMMING Clive: *Les jouets anciens,* Atlas, 1982.

LEVER Maurice: *Le sceptre et la marotte,* Fayard, 1983.

LHÔTE Jean-Marie: *Le symbolisme des jeux,* Berg Bélibaste, 1976.

MIGNON Paul-Louis: *J'aime les marionnettes,* Rencontre, 1962.

PEUCHMAURD Jacques: *J'aime le cirque,* Rencontre, 1962.

PIRON F.: *L'enfant et la poupée,* Nathan, 1976.

PRESSLAND David: *Jouets d'autrefois,* Histoire illustrée des jouets en fer-blanc, Edita, 1976.

RABECQ-MAILLARD Marie-Madeleine: *Histoire du jouet,* Hachette, 1962.

REDER Gustav: *Mit Uhrwerk, Dampf und Strom,* Alba, 1970.

REMISE Jac: *L'argus des jouets anciens,* Balland, 1978.

– u. a.: *Magie lumineuse,* Balland, 1979.

– und FONDIN Jean: *L'âge d'or des jouets,* Edita, 1967.

– und Frédéric: *Les bateaux,* Pygmalion, 1981.

RIFAUX Yves: *Scraps et chromos,* L'Art de l'Enfance, 1978.

–: *Les petits théâtres en papier,* L'Art de l'Enfance, 1983.

–: *Lumière et mouvement,* Musée-Château d'Annecy, 1989.

SIMMEN René: *Die Welt der Marionetten,* Silva, 1972.

DANK

Die Autoren, die Fotografin und der Verlag danken folgenden
Personen und Institutionen für ihre
Unterstützung bei der Verwirklichung dieses Werks:

BERNARD CRETTAZ, MARIO BAUMANN, MUSÉE D'ETHNOGRAPHIE DE GENÈVE

MICHEL ETTER, MUSÉE SUISSE DU JEU, LA TOUR-DE-PEILZ

GRAF ANTONIO GIANSANTI COLUZZI, FULGUREX, LAUSANNE

DINA GRUNDLEHNER, MUSÉE ALEXIS FOREL, MORGES

RUTH HOLZER-WEBER, ZÜRCHER SPIELZEUGMUSEUM, ZÜRICH

ROLAND KAEHR, MUSÉE D'ETHNOGRAPHIE, NEUENBURG

ROGER KAYSEL, KINDERMUSEUM BADEN

SIGRID PALLMERT, SCHWEIZERISCHES LANDESMUSEUM, ZÜRICH

GUIDO REUGE, AUTOMATES, SAINTE-CROIX

YVES RIFAUX, MUSÉE DE L'ART DE L'ENFANCE, MARCELLAZ-ALBANAIS/ANNECY

JEAN-PAUL SCHULÉ, COLLECTION ARHISTO, PAYERNE

VALESCA STORZ, COLLECTION DE POUPÉES, LAUSANNE

HEINRICH WEISS, AUTOMATEN, SEEWEN

DOMINIK WUNDERLIN, SPIELZEUGMUSEUM RIEHEN